Welder Lancieri Marchini

Perseverando com Jesus
Catequese com adolescentes

Livro do catequizando

Petrópolis

© 2015, Editora Vozes Ltda.
Rua Frei Luís, 100
25689-900 Petrópolis, RJ
www.vozes.com.br
Brasil

Todos os direitos reservados. Nenhuma parte desta obra poderá ser reproduzida ou transmitida por qualquer forma e/ou quaisquer meios (eletrônico ou mecânico, incluindo fotocópia e gravação) ou arquivada em qualquer sistema ou banco de dados sem permissão escrita da editora.

Diretor editorial
Frei Antônio Moser

Editores
Aline dos Santos Carneiro
José Maria da Silva
Lídio Peretti
Marilac Loraine Oleniki

Secretário executivo
João Batista Kreuch

Revisão: Leonardo Portella
Projeto gráfico e diagramação: Ana Maria Oleniki
Capa: Ana Maria Oleniki
Ilustração: Daniel de Souza Gomes

ISBN 978-85-326-5141-9

Editado conforme o novo acordo ortográfico.

Este livro foi composto e impresso pela Editora Vozes Ltda.

SUMÁRIO

Apresentação, 5

Olá catequizando, 7

TEMA INTRODUTÓRIO: SOU ADOLESCENTE, 9

TEMA 1: A MÚSICA QUE ME TOCA, 13
Incomodados pela pessoa de Jesus, 13
Incomodados pelo Reino, 17

TEMA 2: SONHO DE DEUS... NOSSOS SONHOS, 23
E Deus sonhou com o Paraíso, 23
Sonhamos juntos, 26

TEMA 3: VIVA O COLORIDO!, 32
A diversidade é dom de Deus, 32
Convivendo com quem é diferente, 38

TEMA 4: ABRINDO PORTAS, DESTRUINDO MUROS!, 42
Jesus é porta sempre aberta, 42
Abrindo a porta de nossa vida, 45

TEMA 5: E AGORA, O QUE FAZER?, 51
Permanecer no amor de Deus, 51
Escolher o amor de Deus, 55

TEMA 6: NÃO FOI BEM COMO EU QUERIA. E AGORA?, 59
O erro e a perda como parte da vida, 59
Situações que fazem parte de nossa vida, 63

TEMA 7: CONVIVENDO E APRENDENDO NA CIDADE ONDE MORAMOS, 68

TEMA DE ENCERRAMENTO: JESUS FAZ A DIFERENÇA, 74

Apresentação

A catequese é um momento oportuno de aproximação com o amor apaixonado de Deus, revelado por Jesus, nosso irmão e amigo fiel. É escola de vida e de fé, de crescimento humano e espiritual, pois catequistas e catequizandos percorrem por um bom tempo, juntos, uma jornada de perseverança para ver Jesus e permanecer com Ele.

A perseverança sempre foi vista como um desafio para a catequese em nossas comunidades. De fato, ela é mais do que um desafio. Perseverar é a meta, pois nosso objetivo é fazer com que todos os envolvidos no processo catequético se encantem por Jesus Cristo, por suas palavras e atitudes, e perseverem no seu caminho. Hoje, a Igreja, no esforço de resgatar o processo de Iniciação à Vida Cristã, ajuda-nos a entender que se faz necessário um novo agir, um novo ardor, novos métodos e expressões para tornar possível uma catequese que leve a pessoa a um encontro com o Mestre. Em Jesus, encontramos o caminho vivo e possível de se percorrer, de intimidade e contemplação, de sair em missão e anunciar a alegria do Evangelho.

O Papa Francisco, em fevereiro de 2015, disse aos consagrados que Jesus é "o único caminho que, concretamente e sem alternativas, devemos percorrer com alegria e perseverança". O caminho nos leva ao anúncio. Por isso devemos ser uma Igreja em saída, diz o Papa Francisco. Sair e perseverar no caminho de Jesus não é apenas necessário, mas sim uma rica e bela experiência de comunhão com Ele e sua Igreja.

Os catequistas e catequizandos que anseiam por complementar a partilha de suas experiências de fé na catequese de perseverança podem se alegrar e contar com mais este material, que agora chega às nossas mãos.

O livro de Welder Lancieri Marchini, amigo e catequista de São Paulo, é um instrumento capaz de contribuir para que catequistas e catequizandos possam perseverar com Jesus. Muito sugestivo é o título da obra, pois nos lembra de que não estamos sozinhos, "Ele está no meio de nós!" (cf. Lc 24, 13-31). Em seu trabalho, apresenta-nos ricas reflexões, orações e estratégias adequadas a uma catequese com adolescentes. De maneira prática e com estilo inovador, este material servirá como mediação entre o conteúdo da catequese e a experiência de vida e de fé para os adolescentes de nossas comunidades.

Parabéns, amigo Welder, pela iniciativa e inspiração! Parabéns, catequizandos, pela oportunidade de mergulhar nessa linda aventura chamada catequese.

Juntos na missão!

Pe. Paulo Gil
Coordenador da Animação Bíblico-Catequética CNBB/ Regional Sul I

Olá, catequizando

*J*esus era uma pessoa muito legal. Sua simpatia fazia com que muita gente o seguisse. Se pessoas o procuravam, seguiam-no e deixavam tudo o que tinham para viverem com Ele, era porque suas palavras e ideias as cativavam. Você se propôs a participar da catequese de perseverança. Do mesmo modo que os discípulos de Jesus, de alguma forma você se sentiu cativado por esse homem que tem muito a dizer.

Esse mesmo Jesus, que fez diferença na vida de tantos homens e mulheres de seu tempo, quer fazer diferença também em sua vida. Queremos que, na catequese de perseverança, você tenha contato com esse homem e se deixe transformar por suas ideias e mensagens. Este material quer ser um elo entre você e a pessoa de Jesus. Nesse processo, o seu catequista terá um papel fundamental. Ele mediará os encontros e escolherá a melhor maneira de organizar os temas.

Sua participação será muito importante para o bom acontecimento dos encontros, pois eles buscarão falar sobre sua vida e ninguém a conhece melhor que você. Por isso, quanto mais você se fizer participante dos encontros, mais a catequese poderá levar a Palavra de Deus a iluminar sua vida.

Por fim, queremos que você conheça cada vez mais a sua comunidade. Ela é o lugar privilegiado para que você se construa como cristão. Existem nela várias pastorais, movimentos e serviços, e há espaço para que você faça parte deles.

Será um enorme prazer caminharmos juntos, sempre perseverando no caminho de Jesus.

Um fraterno abraço,
Welder

TEMA INTRODUTÓRIO

SOU ADOLESCENTE

Para algumas coisas dizem que sou muito GRANDE.

Cada etapa da vida é ao mesmo tempo um desafio e um novo prazer. Um desafio, pois temos que nos adaptar a novas situações que antes não faziam parte de nosso cotidiano. Mas, ao mesmo tempo, nos deparamos com pessoas e aprendizados que fazem com que a vida seja muito mais gostosa de ser vivida. Na adolescência não somos mais crianças e os adultos passam a dizer: *Você não é mais criança para fazer isso!* Mas também ainda não somos adultos. E o questionamento pode ser ouvido: *Você acha que já é adulto para fazer isso?*

Para outras coisas dizem que eu sou uma criança.

Mas o que eu sou?

O que é ser adolescente ?

A adolescência é um momento da vida em que enfrentamos a transição da infância para a juventude ou a vida adulta. E é justamente por ser um momento de transição que todo adolescente carrega consigo algumas características da infância e ao mesmo tempo já vive algo da juventude.

Trocando Ideias

Quais são as situações que você vive em sua adolescência e acredita que pela sua importância precisam ser tratadas na catequese de perseverança? Primeiro, escreva no espaço e depois, partilhe com os outros catequizandos.

É sobre os temas relacionados à adolescência que procuraremos falar durante a catequese de perseverança. Jesus sempre tem algo a nos ensinar sobre essas questões que vivemos no dia a dia e, iluminados por Ele, procuraremos ver quais são os melhores caminhos a seguir.

Neste nosso PRIMEIRO TEMA, vamos também conhecer alguns INSTRUMENTOS de nosso livro. Eles querem nos ajudar, para que possamos entender e discutir melhor esses assuntos.

Trocar ideias é sempre importante. Quando trocamos ideias passamos a saber aquilo que os outros pensam e isso nos ajuda a formar nossa opinião. Também podemos expressar nossa opinião, mas é sempre bom conversar com descontração, alegria e, principalmente, respeito.

Trocando Ideias

Por que a catequese deve falar desses assuntos relacionados à adolescência?

Fala Sério!

Tem gente que acredita que na catequese só se fala de Deus!

Deus quer ajudar o ser humano para que ele seja cada vez mais realizado. Por isso, a catequese de perseverança quer falar de Deus, mas na sua relação com a nossa vida de adolescentes. Tudo aquilo que vivemos pode ser iluminado pelo amor de Deus e principalmente pela presença de Jesus, que em seus ensinamentos nos mostrou o caminho da realização.

Os adolescentes na Palavra de Deus

A Bíblia não fala propriamente de adolescentes. Este é um termo novo e não existia essa ideia na época de Jesus. Mas há um texto que fala de uma menina. Jesus a cura e nos mostra qual é a sua vontade para a nossa vida.

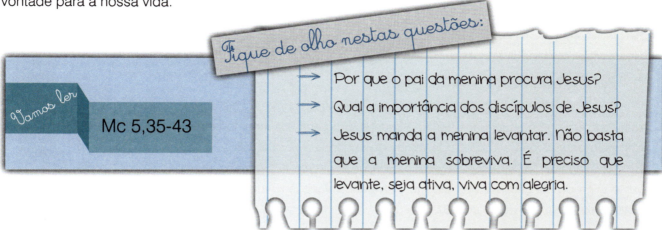

Vamos ler Mc 5,35-43

Fique de olho nestas questões:
- Por que o pai da menina procura Jesus?
- Qual a importância dos discípulos de Jesus?
- Jesus manda a menina levantar. Não basta que a menina sobreviva. É preciso que levante, seja ativa, viva com alegria.

Algumas situações vividas pela menina nos ajudam a entender também a nossa vida. Ela está junto de sua família. Quem busca Jesus é o pai dela. Não viver no isolamento é muito importante para nós.

Os discípulos de Jesus são importante auxílio para que a menina seja curada. Também nossa comunidade é chamada a auxiliar os adolescentes, para que vivam a graça do seguimento de Jesus. Quando fazemos parte da comunidade podemos nos aproximar de Jesus.

Ao dizer "Talita cumi", Jesus mostra claramente seu desejo de que todo ser humano viva. Nós, adolescentes, também somos chamados a viver essa vida que faz parte do projeto de Jesus.

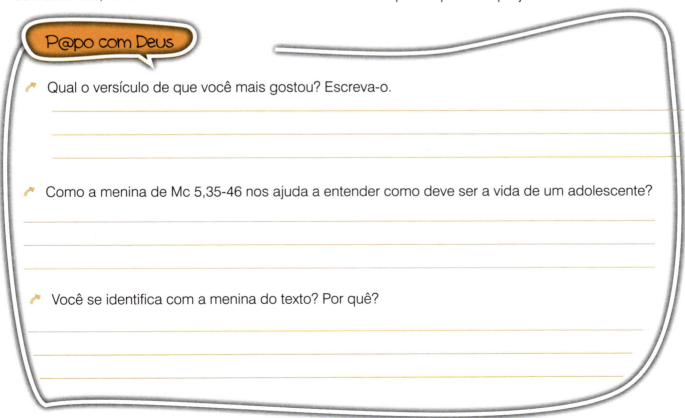

P@po com Deus

- Qual o versículo de que você mais gostou? Escreva-o.

- Como a menina de Mc 5,35-46 nos ajuda a entender como deve ser a vida de um adolescente?

- Você se identifica com a menina do texto? Por quê?

➤ Na prática, o que significa "nos levantarmos", como Jesus fez com a menina?

 # FICA A DICA

POR FALAR EM #ADOLESCENTES...

Dissemos que muitas vezes o adolescente é rotulado como aquele que ainda não é adulto, mas também como aquele que já não é criança. Em geral nos incomodamos com essa falta de definição daquilo que somos ou deixamos de ser. Isso é normal, afinal, ninguém sabe quem é de uma maneira tão clara que não tenha conflitos dentro de si. Sobre esses conflitos, você pode ver o clipe da canção "Mi vida eres tu", da banda Vanguart. Você pode encontrar o clipe em <http://letras.mus.br/vanguart/1967128>.

\# O clipe mostra a criança que sonha com a vida de adulto. Mas esse sonho é parte de sua fantasia, muito mais que da realidade. Todos temos fantasias. Nem sempre elas correspondem à realidade

\# Roupas, carros, bebidas e festas são parte dessas fantasias. Se pensamos que a vida adulta é isso, nos enganamos muito.

\# Ser aceito, o namoro e a sexualidade, o mundo das drogas (sejam elas lícitas ou não) e mesmo a violência são retratadas no clipe, e de certo modo serão assuntos que aparecerão também nos nossos temas durante a catequese de perseverança.

E A NOSSA IGREJA COM ISSO?!

Também os adolescentes devem ser assistidos pela comunidade. A catequese de perseverança quer ser um serviço prestado aos adolescentes da comunidade, mas não é o único trabalho de evangelização de adolescentes.

Em nossa comunidade, os adolescentes têm outros espaços? Quais?

Ser um adolescente que busca seguir Jesus significa encarar as situações que nos cercam com serenidade e com a ajuda daqueles que podem nos mostrar caminhos. Durante todo o processo da catequese de perseverança poderemos falar de vários assuntos e temas que fazem parte dessa etapa de nossa vida.

Este nosso primeiro tema foi importante para entendermos um pouco dos assuntos que trataremos durante a catequese, e também do modo como trataremos deles. Sempre conversando, dando opinião e escutando nossos amigos; também rezando e escutando a Palavra de Deus. Ela será importante e nela teremos nossos alicerces.

Agora é só iniciarmos, passo a passo, nosso caminho rumo à maturidade.

TEMA 1

A MÚSICA QUE ME TOCA

Incomodados pela pessoa de Jesus

A música nos lembra movimento. Quando escutamos uma música, logo nos incomodamos, ou seja, saímos de nosso comodismo e prestamos atenção naquilo que estamos escutando. Se ela nos agrada, movimentamos nossos pés, entrosando-nos com o ritmo da música. Mas se é uma música que agrada muito, dançamos e nos divertimos. Tem música que não nos agrada e tem gente que nem gosta de música. A atitude de Jesus também nos mostra movimento. Ele se incomodava e se movimentava/mobilizava, para que a construção do Reino de Deus se concretizasse, tanto na vida das pessoas, quanto nas relações sociais. Por isso podemos afirmar que incomodar-se é próprio de Jesus, que nunca se acomodou.

> **Só para lembrar...**
>
> Música é a melodia. Quando ela é juntada à letra, resulta na canção.

> **Letra + música = canção**

Qual canção toca você?

Escreva o refrão de uma canção com a qual você se identifica ou que tenha uma letra que incomoda você. Depois, escreva o porquê de sua escolha.

ACOMODAR E INCOMODAR

Muitas vezes acreditamos que incomodar é sinônimo de atrapalhar. Na verdade, incomodar é o oposto de acomodar. Aquilo que está acomodado não se move, não se mexe e está plenamente satisfeito com a situação que vive. Incomodar é justamente o contrário. Incomodamo-nos quando a situação que vivemos não nos satisfaz plenamente. Alguém incomodado sai de sua zona de conforto, busca novas situações, perspectivas e planos. Se nos sentimos completamente satisfeitos, podemos nos acomodar, acreditando que não precisamos de mais nada da vida. Mas ao mesmo tempo, se nos sentimos sempre e profundamente insatisfeitos (e por isso incomodados) podemos nos tornar frustrados e revoltados com a vida que não nos possibilita nada. O ideal é que a vida seja feita de acomodações que sirvam de degraus alcançados para se tornarem base para novas incomodações, anseios, projetos e sonhos. Quando nos incomodamos com alguém ou algo é porque este nos tirou de nosso lugar de conforto (de acomodação).

Nossas incomodações servem de degraus para que busquemos crescer. Os primeiros degraus da escada da ilustração nos mostram as insatisfações mais básicas da vida, como a fome e o sono. Na parte de cima, no espelho da escada, está aquilo que nos satisfaz, como comer e dormir. Mas não somos apenas fome ou sono.

↗ Construa a sua escada, escrevendo nos degraus aquilo que incomoda você, e no espelho dos degraus o que satisfaz esses incômodos. Lembre-se: nos primeiros degraus o que é mais básico; depois, coloque as incomodações que movem sua vida.

Fala Sério!

Incomodar os outros não tem nada a ver com agressão ou violência. Incomodar alguém significa tirá-lo do comodismo.

Trocando Ideias

» O que me incomoda como cidadão?

» O que me incomoda como cristão, diante do que está ao meu redor?

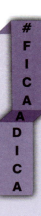

POR FALAR EM #INCOMODAR...

Já ouviu falar em canções de protesto? Elas foram muito comuns no Brasil no período da ditadura militar, que esteve no poder entre os anos 1960 e 1980. Como havia a censura, os compositores falavam por metáforas, ou seja, canções que falavam de uma coisa, mas tinham outra mensagem por trás de suas letras. Um bom exemplo é a canção "Cálice", composta por Chico Buarque e Gilberto Gil. Você pode buscar a letra na internet e ouvi-la em <http://www.vagalume.com.br/chico-buarque/calice.html> ou <http://www.youtube.com/watch?v=0PWWqWA8sws>.

\# Os compositores "brincam" com a sonoridade de cálice. Na verdade, querem que as pessoas entendam "cale-se". Eles se referem à censura, que não os deixava falar.

\# Converse com pessoas que viveram nas décadas da ditadura militar. Geralmente, elas têm histórias bastante interessantes para contar.

\# Fazer uma pessoa se calar ou não deixá-la se expressar é uma violência muito grande. Quem não tem voz se sente menor que os outros. A canção fala em "...lançar um grito desumano que é uma maneira de ser escutado".

\# A canção tem muitas metáforas. Parece falar de coisas simples, mas as pessoas da época sabiam que ela estava falando da opressão sofrida pela população. Veja quais metáforas você descobre. Sobre as outras, converse com seus colegas para descobrir sobre o que a canção está falando por traz de cada metáfora.

Outro exemplo de canção de protesto é "Que país é esse?", da banda Legião Urbana. Essa canção está em outro contexto. É da década de 1980 e é muito parecida com o que vivemos hoje. Há uma mensagem de protesto contra as estruturas políticas que não ajudam as pessoas.

Você pode buscar na internet para ouvi-la em <http://www.vagalume.com.br/legiao-urbana/que-pais-e-esse.html> ou no CD que leva o nome da canção, de 1987.

Escolhendo pela Palavra de Deus

Jesus nos ensinou várias coisas, mas seu maior ensinamento é a sua atitude de incomodação diante da vida. Seguir Jesus deve ser entendido como assumir essa mesma atitude. Assim, tornamos-nos seus discípulos. Muitas vezes nos dizemos discípulos, participamos da vida em comunidade, mas não nos deixamos incomodar pela atitude de Jesus. Podemos entender assim: não adianta ficarmos o dia todo na Igreja e não fazermos nada daquilo que aprendemos, rezamos e celebramos. Mais importante é seguir Jesus, praticando o que Ele nos ensina. No entanto, para praticar o que Ele ensina é preciso conhecê-lo e a seu projeto. Por isso ir à comunidade é importante, pois nos ajuda a entender aquilo que Jesus quer para nossas vidas. Se não o escutamos, como saberemos qual é a sua atitude?

Para conversarmos sobre a atitude de seguir Jesus, vamos ler

Mc 10,17-22

Esse texto fala de alguém que busca viver com intensidade as situações da sua vida, mas ao mesmo tempo não tem a coragem suficiente para sair da acomodação e tomar as decisões necessárias. Quando Jesus pede para ele se desprender de tudo que tem, ele desiste, mas sai mexido. O encontro com Jesus sempre mexe com a gente, nos incomoda.

P@po com Deus

↗ Escreva no espaço abaixo o versículo de que você mais gostou.

_____

_____

_____

↗ O texto de Mc 10,17-22 fala de alguém que pratica todos os mandamentos (v. 20). O que falta a essa pessoa? O que ela procura quando vai atrás de Jesus?

_____

_____

_____

_____

↗ E você, identifica-se com esse alguém? O que Jesus tem a lhe oferecer?

_____

_____

_____

_____

_____

Uma coisa é importante: Jesus nunca nos obriga a nada. O mais importante é o que diz o v. 21: "Fitando-o, Jesus o amou...". Jesus nos ama independentemente de nossas escolhas e do nosso merecimento. Seu amor é gratuito. Isso me deixa acomodado por já ter conseguido o amor de Jesus independentemente do que faça ou me deixa incomodado por gratidão a esse amor?

No texto que lemos, vimos que esse alguém (o texto não nos diz se é homem ou mulher) vai embora "pesaroso" (v. 22). Ele não foi embora feliz, mas mesmo assim não conseguiu superar as acomodações de sua vida religiosa.

Algo impede você de ser incomodado por Jesus, fazendo com que você se acomode indo embora como o personagem do Evangelho?

Você conhece pessoas que são exemplo de como agir para sair do comodismo? Coloque o nome delas no espaço abaixo.

Incomodar-se pela pessoa de Jesus nos faz assumir uma atitude diante da nossa própria vida. Jesus nos convida a sair de nosso comodismo. Isso não é uma teoria religiosa. É PRÁTICA! Jesus não se acomodou diante das dificuldades da vida. Não se acomodou nem mesmo diante da dificuldade da cruz. Isso nos serve de incentivo.

Jesus me motiva a ser pessoa incomodada.
QUERO SER INCOMODADO...
... para que minha vida tenha sempre mais sentido.
... para que possa assumir a atitude de Jesus.
... para que possa me tornar um cristão-cidadão.
... para que possa... (AGORA É A SUA VEZ.)

Incomodados pelo Reino

Na primeira parte de nosso tema vimos que acomodar-se e incomodar-se são atitudes assumidas pela pessoa. Também vimos que Jesus sempre se mostrou bastante incomodado com as situações que ferem a vida humana e nos chama a assumir essa mesma postura em nossa realidade. Incomodar-se é geralmente uma postura que nos coloca em relação com nossos amigos, familiares, comunidade de fé e com a sociedade que nos cerca.

Agora, tomaremos Jesus como verdadeiro modelo de atitude. Ele se incomodava, mas seu incomodar-se não era egoísta. Ele se incomodava com doentes (Mc 1,32; 2,17; 6,55) e excluídos que não tinham lugar na sociedade. Jesus nos mostra que toda a sua pregação e ação tem como objetivo a relação das pessoas com o Reino de Deus. É importante sabermos que nossa vocação cristã não acontece no isolamento do comodismo.

Incomodados pela Palavra de Deus

Jesus sempre se deixou levar pela sua relação com o Pai. Por isso mesmo dizia "Eu e o Pai somos um" (Jo 10,30) e "quem me vê, vê o Pai" (Jo 14,9). Jesus se incomodava por querer ajudar o Pai a construir o Reino. Então, tudo o que Jesus faz ou ensina tem como objetivo construir o Reino.

Mas o que é o Reino? De modo geral, podemos dizer que o Reino de Deus é a plena comunhão entre DEUS e AS PESSOAS E DAS PESSOAS ENTRE SI. Deus deseja o bem para seus filhos e filhas. Logo, se fazemos o bem, estamos em comunhão com Ele. Nossa opção pelo bem constrói o Reino de Deus. Somos incomodados pelo ideal do Reino de Deus.

Vamos ver um exemplo de texto que nos mostra Jesus como um incomodado?

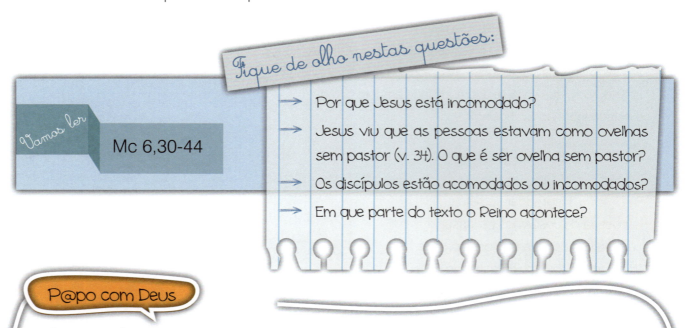

Vamos ler: Mc 6,30-44

Fique de olho nestas questões:
- Por que Jesus está incomodado?
- Jesus viu que as pessoas estavam como ovelhas sem pastor (v. 34). O que é ser ovelha sem pastor?
- Os discípulos estão acomodados ou incomodados?
- Em que parte do texto o Reino acontece?

P@po com Deus

Qual o versículo de que você mais gostou? Escreva-o no espaço abaixo.

_____
_____

Quais as atitudes presentes no texto de Mc 6,30-44 que são exemplos de acomodação? Preste atenção nos verbos; eles nos mostram comportamentos, ações, posturas e atitudes. Anote aqueles que melhor ajudam a entender o texto.

_____
_____

Com qual personagem você se identifica? Com Jesus, com os apóstolos ou com a multidão? Por quê?

_____
_____

Às vezes precisamos de pão (cf. Mc 6,41), às vezes dos ensinamentos de Jesus (cf. Mc 6,34). Isso nos mostra que o mais importante é que o próprio Deus se torna sentido para nossa vida e sabe de nossas necessidades. Tudo se torna Reino de Deus.

- Vamos agradecer a Deus pelas atitudes que nos levam ao Reino? Façamos isso em forma de preces e orações espontâneas.
- Esse texto mudou o seu modo de se relacionar com a pessoa de Jesus? Como?

Fala Sério!

De nada adianta eu me incomodar com a fome de quem vive do outro lado do planeta se não me incomodo com a fome de quem está do meu lado!!

O cristão é chamado a fazer a diferença na vida das pessoas. Não pode ser mais um no meio da multidão. Como cristãos incomodados, queremos fazer o Reino acontecer para quem está ao nosso lado, saindo da postura egoísta de acomodação. Jesus ia ao encontro das pessoas, convivia com elas, sabia de suas necessidades. Devemos ir ao encontro de quem está ao nosso lado, muitas vezes morando dentro da mesma casa. Será que me incomodo quando as pessoas que moram comigo estão muito ocupadas e há louça na pia esperando para ser lavada? Devemos nos incomodar também com as "pequenas coisas" que estão ao nosso lado.

Trocando Ideias

» Você se incomoda quando o seu quarto está desarrumado?
» E quando um aluno ou aluna de sua classe não consegue fazer as atividades de uma disciplina, isso incomoda você?

Quando nos incomodamos, colocando-nos a serviço para a construção do Reino, realizamos nossa vocação. Sabemos que vocação é o chamado de Deus para a vida plena. Jesus plenificou sua vida incomodando-se pelo Reino de Deus. Isso dava sentido à sua existência e pode dar sentido também à nossa.

Nossa vocação de cristãos acontece primeiramente em *nível pessoal*: Deus nos chama e nos escolhe para dar sentido à nossa vida. Num segundo momento, somos chamados a realizar nossa vocação em *nível de comunidade de fé*: Deus nos chama para participarmos da comunidade em suas pastorais, movimentos e serviços. A comunidade é o grande instrumento que Deus escolheu para se aproximar das pessoas. Num terceiro momento, somos chamados a realizar nossa vocação em *nível social*: Deus nos chama para darmos nossa contribuição de cristãos na construção de uma sociedade melhor. É no nível social que damos nossa contribuição para mudarmos os sistemas de injustiças.

Por falar em #sistema...

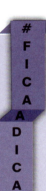

Assista na internet ao clipe da canção "Sistema nervoso", da banda Os Gutembergs. Você pode encontrá-la no endereço <http://www.youtube.com/watch?v=mYfcV7PkuC8> ou <http://www.vagalume.com.br/os-gutembergs/sistema-nervoso.html>.

\# Perceba que todas as nossas escolhas têm consequências.

\# O sistema é grande o suficiente para influenciar nossa vida, mas ao mesmo tempo é algo abstrato. A canção diz que o sistema é cruel. Diante de uma situação tão grandiosa, devemos nos acomodar ou incomodar? É preciso mudar aquilo que está ao nosso alcance.

\# O clipe coloca em evidência as bocas dos cantores. Qual seria o papel da nossa opinião (ou de nossa fala) na transformação do sistema?

\# A canção fala de dormir. De que sono ela está falando? Isso parece ter a ver com uma postura de acomodação?

\# "As coisas são assim porque nasceram assim mesmo...". Essa seria a fala de um adulto, no início da canção. Você concorda com isso?

\# Será que a cruz presente na letra da canção se refere à cruz de Jesus?

A imagem das manifestações contra a corrupção que aconteceram em várias cidades do Brasil nos mostra o envolvimento das pessoas em nível social.

✏ Dê exemplos de situações que demonstrem ACOMODAÇÕES ou INCOMODAÇÕES relativas:

ao indivíduo

à comunidade de fé

à sociedade

Trocando Ideias

Como você percebe o Reino acontecendo na sociedade?

Fala Sério!

Geralmente, quem fala que o mundo é assim mesmo e nada vai mudar está é muito acomodado!

Mesmo que, em curto prazo, não consigamos mudar todas as situações injustas, será que transformar a nossa própria vida e o nosso modo de ser já não é, de certa forma, melhorar o mundo?

E A NOSSA IGREJA COM ISSO?!

A comunidade de fé tem a vocação de anunciar a Boa Nova de Jesus, levando as pessoas a uma atitude de incomodação diante das situações de desrespeito à pessoa. Algumas pastorais exercem o papel de auxiliar na construção do Reino de Deus.

Em nível nacional temos a Pastoral da Criança, que desenvolve um importante trabalho voltado ao trabalho, com as crianças, mas também com suas famílias e sua comunidade. Com seu trabalho que conta com a participação de voluntários, a Pastoral da Criança consegue chegar em vários lugares do Brasil, mesmo aqueles mais distantes, onde muitas vezes os serviços públicos não chegam. O objetivo de seu trabalho é o desenvolvimento integral da criança. Por isso, preocupa-se com a saúde e a nutrição, mas também com a educação e a cidadania.

Um dos momentos fortes do trabalho da Pastoral da Criança é a Celebração da Vida. Ela acontece como ápice de todo um trabalho que conta com visita às famílias e acompanhamento de gestantes e de crianças. A Celebração da Vida acontece como momento forte de acolhida na comunidade e de formação das famílias, que levam suas crianças para serem pesadas e alimentadas pela equipe de voluntários. Em muitos lugares também há acompanhamento médico, além de atividades lúdicas com as crianças. Com certeza a Pastoral da Criança é um dos serviços prestados pelos cristãos que aponta para o Reino. Incomodados pela difícil situação vivida por inúmeras crianças e fugindo do comodismo de uma vida egoísta, os voluntários se doam no trabalho prestado a essas crianças.

Você conhece outras pastorais, movimentos e serviços de nossa comunidade que se incomodam e ajudam na construção do Reino?

- Escreva o nome das pastorais, movimentos ou serviços. Depois, partilhe com a turma um pouco do trabalho realizado por elas.

PASTORAL DA CRIANÇA

Relembrando...

- É preciso colocar nossa vida em movimento.
- Esse movimento é fruto de uma incomodação que está em nós e nos leva a buscar o bem.
- Como cristãos, não podemos ser acomodados.
- Também não podemos viver sem nos incomodar com aquilo que prejudica a vida de nossos irmãos. Você se lembra do episódio da partilha dos pães (Mc 6,30-44)?
- Respeitar o estilo e o jeito de ser do outro é muito importante, assim como Jesus respeitou a pessoa que não quis segui-lo (Mc 10,17-22).
- Jesus nos chama a construir o Reino no compromisso com a nossa própria vida, nos trabalhos de nossa comunidade ou na transformação da sociedade.
- Agora, é só se colocar em movimento. Dance a música da vida e seja feliz!

TEMA 2

SONHO DE DEUS... NOSSOS SONHOS

E Deus sonhou com o Paraíso

Nós, cristãos, acreditamos que fomos criados por Deus e dizemos que toda a criação é fruto do seu amor. Deus nos criou porque sonhava com com toda a criação vivendo no Paraíso. Mas o que é viver no Paraíso? Mais que estar num lugar, é um modo de viver. Diferentemente dos animais, o ser humano não vive apenas para satisfazer suas necessidades básicas, como comer, dormir e procriar. Ele quer mais da vida, tem metas e horizontes. A esses horizontes damos o nome de sonhos. Poderíamos chamar de projetos, planos, metas ou de utopia. Mas aqui chamaremos de sonhos. O sonho do Paraíso se plenifica com Jesus. Sua atitude sempre foi de profunda identificação com o Paraíso.

Por que Deus nos criou?

Você pode se perguntar: por que Deus criou o mundo e o ser humano? Nossa resposta é dizer que Ele criou por amor. Mas vamos entender isso um pouco melhor. Quando amamos alguém e esse amor é muito forte, sentimos a necessidade de expressá-lo, seja em palavras ou em gestos. Quem ama se doa ao amado ou à amada. Com Deus não seria diferente. Ele nos cria para poder nos amar. Assim, quando nos criou, Deus sonhava com um mundo onde toda a criação, inclusive o ser humano, vivesse plenamente. Esse lugar é o Paraíso.

MAS O QUE É O SONHO?

Muitos confundem sonho com delírio. Acreditam que sonhar é pensar que algo impossível pode acontecer. Se digo que tenho o sonho de voar sem a ajuda de nenhum instrumento, mas apenas com o meu corpo, não estou sonhando, mas delirando.

Os sonhos são possíveis, palpáveis, planejáveis. A paz mundial pode ser um sonho; a igualdade entre os povos também. São situações humanamente possíveis e quem sonha com a paz e a igualdade começa por transformar o seu modo de agir já no presente, respeitando as pessoas e construindo situações de paz. Mais que esperar no futuro, o sonho nos faz buscar construí-lo no presente. Jesus é o nosso grande modelo de alguém que sonhava, mas que tinha os pés no chão. Seus sonhos não eram delírio. Ele os transformava em realidade no contato com as pessoas.

Muitas vezes perdemos a capacidade de sonhar. Vivemos unicamente o dia a dia que, apesar de necessário, não é tudo. Não nascemos apenas para sobreviver, mas para viver. A vida está relacionada à busca pela realização de nossos sonhos.

Trocando Ideias — O que mais ocupa a sua vida, sonhar ou sobreviver?

E o ser humano estava no Paraíso

O texto de Gn 2,4b-15 nos diz que Deus cria o ser humano para ser o "grande jardineiro" da criação. Vemos isso especialmente no v. 15, onde o autor bíblico diz que Deus colocou o homem no jardim do Éden, também chamado de Paraíso, para guardá-lo e cultivá-lo. É importante sabermos que esse texto é escrito a partir da experiência do Exílio da Babilônia, onde o povo que escreve não era dono da terra, o maior presente dado por Deus a seu povo.

Vejamos se você e seus colegas conseguem perceber quem é o ser humano para Deus a partir da leitura. Se ajudar, podem ler até o v. 25. Nesse trecho vemos a relação do homem com a mulher, que não deve ser de domínio e submissão, mas de companheirismo.

Deus quer que o ser humano se ocupe de CUIDAR da criação. Às vezes, erroneamente, achamos que Deus criou tudo PARA o ser humano. Isso geralmente legitima uma política de exploração e depredação da criação divina.

O ser humano deve se ocupar de plenificar a criação de Deus. Isso significa cuidar bem de tudo o que foi criado por Deus; INCLUSIVE DO PRÓRIO SER HUMANO!

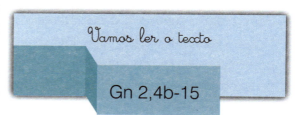

Vamos ler o texto

Gn 2,4b-15

P@po com Deus

➤ Escreva no espaço abaixo o versículo de que você mais gostou.

➤ A partir de Gn 2,4b-15, por que Deus cria o ser humano?

✎ Você se sente parte do Paraíso? O que isso tem de significado para sua vida?

Oração não é somente pedido. Oração também é agradecimento. Vamos elevar nosso agradecimento a Deus por tudo aquilo que vivemos que nos faz participar do Paraíso.

Podemos dizer que tudo o que forma o Paraíso é bom. Mas Deus prefere contar com o ser humano em sua construção. Como podemos fazer o Paraíso se tornar realidade em nosso dia a dia?

Papo cabeça

Deus não fez uma única criatura. A beleza da criação é o conjunto.

Não existe uma criatura melhor que a outra.

No mundo onde vivemos, todas as criaturas conseguem participar do Paraíso sonhado por Deus?

✎ Retrate quais as criaturas que, na sua opinião, não conseguem participar do sonho do Paraíso. Depois, diga quem ou o que as impede de participar e como isso acontece.

Deus sonhou com o Paraíso...

... onde cada pessoa tivesse o direito de sonhar. Sonhar com os pés no chão, construindo a cada dia o Paraíso sonhado por Deus.

POR FALAR EM #PARAÍSO...

Busque e assista o clipe da canção "Paradise", da banda Coldplay, com direção de Mat Whitecross. Junto com a letra da canção, o clipe traz imagens e personagens bastante significativos para entendermos o ideal bíblico de Paraíso. Você pode encontrá-la no endereço <http://www.youtube.com/watch?v=1G4isv_Fylg>.

\# Preste atenção que, para realizarmos nossos sonhos e conquistarmos nossos objetivos, precisamos saber quem realmente somos. Do mesmo modo, o povo da Bíblia que estava no exílio só conseguiu fazer a experiência do Paraíso por se reconhecerem exilados.

\# Nem sempre a vida nos proporciona aquilo que queremos. Mas é preciso aproveitar as situações que são oferecidas para construirmos nosso Paraíso.

\# Qual o nosso papel na construção do Paraíso? Será que Deus nos dá tudo pronto? Mais que isso, ele nos faz participantes da sua criação, dando-nos todos os instrumentos necessários para construirmos esse Paraíso.

\# Lamentar o exílio ou lutar pelo Paraíso? Lamentar não muda as situações.

\# Pesquise na internet a tradução da letra da canção. Nela há mensagens que se aproximam do tema que estamos trabalhando.

Sonhamos juntos

Na primeira parte do tema vimos que a criação é parte do sonho de Deus, e nós, como parte da criação, fomos criados para o Paraíso, ou seja, para a vida em plenitude. Saber que somos parte do sonho de Deus nos faz corresponsáveis pelo restante da criação.

Nossos sonhos nos mostram aquilo que queremos para nossa vida. Acreditamos que, se realizarmos nossos sonhos, nossa vida será melhor. Mas será que é possível pensar em nossos sonhos sem levarmos em conta que nos relacionamos com inúmeras pessoas? Nosso Paraíso não é isolado do Paraíso de nossos irmãos e irmãs.

Todas essas pessoas fazem parte do plano de Deus, desde nossa turma de catequese, nossa família e comunidade, até aquelas pessoas que moram em regiões do país que estão longe de nossa cidade, mas que fazem parte de nossa sociedade. TODOS FAZEM PARTE DO PARAÍSO SONHADO POR DEUS!

A seguir, encontraremos três elementos que nos ajudarão a discutir sobre o que seria o Paraíso e a realização de nossos sonhos na sociedade de hoje.

Moradores do Piauí comem rato-rabudo para matar fome na seca

A comida escassa devido à seca está fazendo piauienses caçarem roedores para complementar a alimentação. No distrito de Brejinho, no município de Assunção do Piauí (273 km de Teresina), todos os dias no fim da tarde é comum ver moradores saindo para as áreas de grutas, para colocarem armadilhas para pegar o "rato-rabudo". (...)

"A gente tem de se virar. Não plantamos nada neste ano por conta da chuva que não veio. Ninguém aguenta almoçar com a comida pura e, como o dinheiro que recebemos só dá para comprar arroz, feijão e macarrão, comemos o rabudo para complementar", disse Francisca, informando que a carne do rabudo "é saborosa" e é sempre uma festa quando conseguem caçar alguns ratos. (...)

Fragmentos da reportegam de Aliny Gama, do UOL, em Assunção do Piauí (PI), 10/03/2013 Trechos extraídos de <http://noticias.uol.com.br/cotidiano/ultimas-noticias/2013/03/10/moradores-do-piaui-comem-rato-rabudo-para-matar-fome-na-seca.htm> em 12/03/13.

O estudante fotografado nos remete ao ambiente da educação. Qual é o papel da educação em nossa vida?

Muitas oportunidades da vida humana passam pela formação da escola ou da faculdade. Você concorda?

"Quando se sonha só, é apenas um sonho, mas quando se sonha com muitos, já é realidade."

Dom Helder Câmara

Papo cabeça — Como o sonho do Paraíso se faz presente nas situações mostradas anteriormente?

Fala Sério!

Tem gente que não tem nem o pão para comer.
Assim não dá para sonhar. Só para sobreviver!

Nossas vidas são diretamente influenciadas – e às vezes determinadas – pelas estruturas sociais, econômicas e políticas que nos cercam. Podemos chamar essa realidade maior, nacional ou mundial, de macroestrutura. Ela é mais difícil de ser mudada, mas não deve de modo algum ser ignorada por nós. Também somos influenciados pela nossa família, amigos e por aqueles que participam diretamente de nossa vida. Essa realidade está mais próxima de nós e influencia mais diretamente nossa vida. Podemos chamá-la de microestrutura. Essas duas dimensões da vida humana não impedem que tomemos consciência de nossas escolhas. Aquilo que escolhemos – mesmo que não consigamos mudar a macro e a microestruturas – forma quem somos e é parte fundamental na construção do Paraíso sonhado por Deus.

A Palavra de Deus nos ensina a escolher a melhor parte

O sonho do Paraíso não se realiza com aquilo que temos, mas com a atitude que assumimos. Quando escolhemos assumir atitudes que valorizam as pessoas, nos aproximamos do Paraíso sonhado por Deus.

Jesus sempre incentivou seus seguidores a assumirem seus sonhos. Também os incentivou a adotarem a atitude de discípulos que querem sempre mais se aproximar de Deus, assumindo o Evangelho como modelo de atitude que nos aproxima do Paraíso. Escolher pelo Paraíso é escolher a melhor parte.

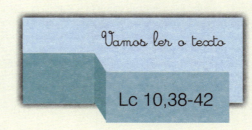

Vamos ler o texto
Lc 10,38-42

No texto bíblico, vemos uma situação bastante interessante: Jesus está na casa de Marta e Maria. Geralmente, valorizamos dessa passagem bíblica a ideia de que Maria escolheu rezar, enquanto Marta escolheu trabalhar. Mas a situação é um pouco mais profunda. O texto termina dizendo que "Maria escolheu a melhor parte e esta não lhe será tirada" (v. 42). E qual é a melhor parte?

Maria estava escutando a Palavra anunciada por Jesus (v. 39). Quem escuta a Palavra é aquele que está se preparando para ser discípulo. Marta é a mulher que serve. Ela se ocupa dos afazeres domésticos (v. 40), que dentro da cultura judaica da época do texto cabiam à mulher. Enquanto Marta escolhe aceitar sua função social e doméstica, Maria escolhe ser discípula, e isso não lhe será tirado (v. 42). Ser discípulo é muito mais que rezar. É deixar a Palavra do Mestre penetrar em seu coração e se tornar discípulo.

O discípulo já vive sinais do Paraíso em sua vida. Ele já está em contato com Jesus e isso é o mais importante. Não podemos pensar no Paraíso como um lugar. Ele é uma atitude de vida, é o modo como escolhemos viver. No caso de Maria, sendo discípula.

P@po com Deus

O texto de Lc 10,38-42 nos mostra duas posturas e dois modos de fazer as escolhas da vida, a de Marta e a de Maria. Vamos relembrá-las?

↱ Suas atitudes levam você a "escolher a melhor parte", vivendo sinais do Paraíso sonhado por Deus?

↱ Peçamos que Deus nos ajude sempre a escolher a melhor parte. Vamos fazer uma prece?! Espontaneamente, você e seus colegas podem pedir a Deus a sabedoria de perceber qual é a melhor parte.

Escolher a melhor parte modifica seu modo de agir? Em clima de muito respeito e oração podemos partilhá-los.

#FICA A DICA

POR FALAR EM #ESCOLHAS...

Todos fazemos nossas escolhas e a partir delas construímos nosso projeto de vida. Nossas escolhas e nossos sonhos estão intimamente ligados. Um exemplo disso é o projeto de vida de Martin Luther King. É bastante conhecido seu discurso de 1963, intitulado: "Eu tenho um sonho".

Você pode encontrá-lo em áudio e vídeo buscando nos canais da internet pelo título do discurso ou pelo nome de Luther King. Também pode encontrar o discurso por escrito em <http://www.dhnet.org.br/desejos/sonhos/dream.htm>.

\# O discurso foi proferido em 28 de agosto de 1963, nos EUA.

\# Pouco tempo depois, Luther King ganhou o prêmio Nobel da Paz.

\# Apesar de falar contra o racismo que vivia nos EUA, o sonho de Luther King é expressão do sonho de Deus para toda a humanidade.

\# Luther King era pastor batista. O ecumenismo é incentivado pela nossa Igreja, e o sonho do Paraíso é comum a todos nós.

\# Luther King morreu assassinado em 1968.

E A NOSSA IGREJA COM ISSO?!

E a nossa comunidade, ela é continuadora do sonho de Deus para todos? O grande objetivo da comunidade cristã é possibilitar a todos a vivência da experiência de Jesus. Neste tema, vimos que essa experiência se concretiza como uma experiência do paraíso.

São muitas as pastorais, movimentos e serviços que trabalham na intenção de possibilitar às pessoas a vivência do paraíso pensado por Deus. Um exemplo disso é a Sociedade de São Vicente de Paulo, também conhecida como o grupo dos Vicentinos. Criados por Frederico Oznam, na França do século XIX, os Vicentinos se inspiram nas atitudes de São Vicente de Paulo, que tão bem entendeu os ensinamentos cristãos do cuidado aos mais necessitados. Os Vicentinos se organizam em Conferências, grupos de aproximadamente 15 membros que buscam organizar trabalhos de assistência material e religiosa aos mais necessitados. No Brasil, há cerca de 250 mil Vicentinos.

Hoje, os Vicentinos trabalham na intenção de assistir aos necessitados. A caridade cristã vai, na concepção desses homens e mulheres, para além de um assistencialismo. Eles buscam se envolver com as famílias assistidas. Visitas às casas e conversas com os assistidos são comuns e necessárias. Eles também auxiliam com alimentação, saúde e, em muitos lugares, na administração de asilos que acolhem pessoas idosas e creches, além de cursos de alfabetização e profissionais. Há também no Brasil cerca de 100 mil jovens vicentinos e 600 conferências de adolescentes e crianças vicentinas.

- Além dos Vicentinos, existem pastorais, movimentos e serviços que buscam possibilitar às pessoas a vivência do Paraíso.
- Nas setas, escreva o nome das pastorais, movimentos ou serviços da sua comunidade que ajudem as pessoas a resgatarem a sua dignidade, alcançarem seu sonho e participarem do Paraíso.

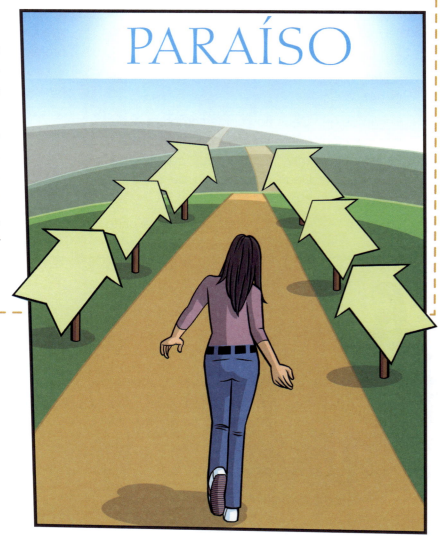

↗ Agora, escreva os motivos que levam você a entender essas pastorais como um sinal que nos apontam para o Paraíso sonhado por Deus.

Relembrando... — ☐ X

- Deus sonhou com o Paraíso para a humanidade. Mais que um lugar, o Paraíso é um horizonte.
- Sonho não é delírio. É projeto.
- Deus nos criou para nos amar.
- O ser humano não é uma criatura melhor que as outras. Ele é um cooperador da obra de Deus.
- As realidades sociais influenciam nossos sonhos, e ao mesmo tempo, são influenciadas por eles.
- Como Maria, somos chamados a escolher a melhor parte.
- Nossa comunidade pode ajudar muito para que o sonho de Deus se concretize.
- Diga sim aos seus sonhos!

TEMA 3

VIVA O COLORIDO!

A diversidade é dom de Deus

Você já ouviu aquela ideia que diz: o que seria do azul se todos gostassem do amarelo? De certa forma, essa questão tem a ver com o nosso tema. O mundo não é feito de uma única cor. O mundo é plural e mais parecido com uma paleta de um pintor, como uma caixa de lápis de cor ou com um arco-íris. Também nós mostramos diversidade de pensamentos e sentimentos. Alguém é capaz de ficar o tempo todo triste ou o tempo todo alegre? Quando isso acontece, não aguentamos. Nossa vida é uma mistura de sensações e sentimentos.

Fala Sério!

Ainda há quem pense que todas as pessoas deveriam ser iguais.

Também já sabemos que a diversidade faz parte da criação de Deus. Se no mundo existem várias espécies, seja de animais ou de plantas, é sinal de que Deus não tinha o ideal de que fôssemos todos iguaizinhos. Jesus também respeitou a diversidade. Convivia com pescadores, pastores, doentes e fariseus. Acolhia a todos que o procuravam.

Valorizados pela Palavra de Deus...

Deus nos cria e nos valoriza como pessoa. A diversidade faz parte do plano de Deus. Por isso, Ele nos cria homens e mulheres... negros, brancos, índios... introvertidos e extrovertidos... enfim, diversos.

Nós somos únicos. Não existe ninguém no mundo igual a nós. E isso não é por acaso. Faz parte do projeto da criação de Deus. Muitas vezes gostaríamos de ser diferentes do que somos no modo de vestir, falar e agir. No entanto, é preciso entender que ao buscar ser diferentes não devemos nos desvalorizar, mas, sim, buscar crescer, nos desenvolver e aprimorar. Dessa forma, tornamo-nos capazes de nos valorizar como parte da diversidade criada por Deus.

Vamos rezar
Salmo 139(138),1-16
Cada catequizando pode ler um versículo, pausadamente.

O Salmo 139 fala que Deus se preocupa com cada pessoa e tem por ela enorme carinho.

↗ Agora, você vai escrever seu nome no espaço abaixo. Se este espaço representasse você, o que não poderia faltar? Caracterize este espaço com desenhos e cores que o representem.

A diversidade começa com nossos nomes. O nome completo mostra nossa origem, nossa família, e o nosso primeiro nome, ou até mesmo nosso apelido, é o modo como as pessoas nos conhecem. A diversidade também está presente no nosso modo de ser, gostos, hábitos e ideias.

↗ O Salmo 139 fala de cada um de nós. Que tal você e seus colegas dizerem os seus nomes e rezá-lo novamente?

↗ Cada catequizando reza um versículo, procurando perceber-se único e ao mesmo tempo parte da diversidade criada por Deus.

Diversidade de pensamento

Pessoas têm ideias diferentes. Por que isso acontece? Cada um olha a realidade com os olhos que tem. Para saber como alguém lê a realidade é preciso saber sua história de vida. Geralmente, quando conhecemos de onde uma pessoa veio, onde ela cresceu, sua família, enfim, suas origens, entendemos com maior clareza o porquê de suas ideias. Não podemos esperar que pessoas que nasceram ou foram criadas em um lugar diferente pensem de uma mesma forma.

Do mesmo modo, se alguém conhece nossas origens e nossos valores, passa a entender melhor nossas ideias. Nossa família, sociedade ou mesmo a nossa comunidade de fé influencia nosso modo de ser e de pensar.

De onde viemos?

Nossos nomes são diferentes. Nossos sobrenomes mostram que viemos de famílias diferentes. Somos descendentes de europeus, africanos, indígenas e de tantos outros povos que formam o Brasil.

Diversidade na turma de catequese

Nossa turma de catequese também é diversificada. Cada pessoa tem um jeito de ser, uma atitude ou característica que a faz única. Esse conjunto de características deixa a turma de catequese muito mais agradável.

- No espaço abaixo, mostre essa diversidade. Pode ser em forma de desenho, música, poesia ou de qualquer outra maneira que a sua criatividade permitir.

- Vamos preencher a ficha para ver se na nossa turma de catequese a diversidade também existe:

Me chamo _____
_____
_____

Nasci na cidade de _____
_____

Minha família, pais e avós vieram de _____
_____

Papo cabeça: Você consegue conviver bem com quem pensa diferente de você?

Mas há momentos em que a diversidade não é respeitada. Muitas vezes isso acontece por causa do nosso preconceito. A palavra preconceito é a junção de duas outras palavras: pré + conceito, que se refere à antecipação de uma ideia, a uma postura ou juízo sobre algo ou alguém, concebida de modo antecipado. Temos preconceito quando assumimos uma ideia sobre a pessoa a partir de uma característica física, econômica ou cultural. Preconceito por característica física é não confiarmos em alguém por ser negro ou acharmos uma mulher incapaz pelo simples fato de ser mulher. Alguém que é pobre ser mal atendido numa loja é preconceito econômico. Já acharmos que alguém é terrorista, pelo simples fato de ser árabe, é preconceito cultural.

> **Fala Sério!**
> É muito chato conviver com quem nunca muda!
> Será que existe alguém no mundo tão perfeito que nunca precise mudar!?

✐ Você poderia dar outros exemplos de preconceito? Depois, partilhe seus exemplos com o grupo.

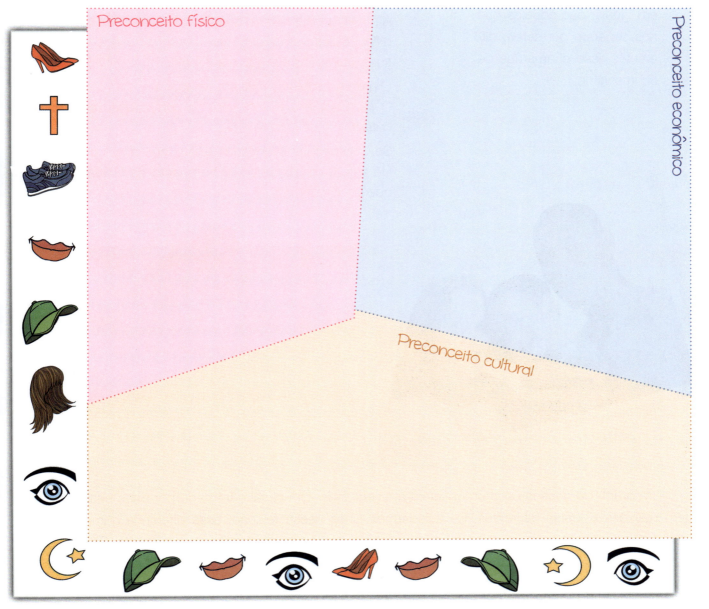

35

Também há preconceito religioso, que pode ser entendido como preconceito cultural. Há pessoas que se acham melhores que os outros por serem de determinada religião. A Igreja nos ensina a sempre respeitar os outros. As religiões e igrejas não são todas iguais, mas a nossa Igreja nos ensina que há muito mais crenças e atitudes que nos unem por serem iguais, que aquelas que nos separam por serem diferentes. Isso chamamos de ecumenismo.

Por falar em #diversidade...

Alguns desenhos animados podem nos trazer mensagens significativas. O curta-metragem "Parcialmente nublado", da Pixar Films, nos traz uma ideia bem legal de respeito à diversidade. Ele pode ser assistido em <http://www.youtube.com/watch?v=-a6Pe1ovKHg> ou no DVD "Pixar short films collection vol. 2".

\# A maioria das nuvens cria animais convencionais, que são bastante dóceis. Uma das nuvens é diferente. Ela cria animais pouco convencionais. Ela não é má, apenas é diferente.

\# A nuvem tem muito carinho pela cegonha. Podemos perceber ali uma amizade.

\# A nuvem percebe que, quando cria seus animais, cria dificuldades para a cegonha. Ela tem consciência de suas limitações e procura ser melhor.

\# O grande problema está em compararmos as pessoas. O juízo sobre a nuvem vem da comparação com as outras.

\# Se o respeito à diversidade existe, aceitamos o outro. Há esforço tanto da cegonha quanto da nuvem para que isso aconteça.

Trocando Ideias

» Na fotografia pode-se observar a realidade da diversidade. Qual a sua opinião a respeito?

» E na sua família, há diversidade?

Um grupo de pessoas sempre revelará a diversidade. Um casal é formado por duas pessoas que têm opiniões e ideias diferentes. Se colocarmos filhos nessa relação, essa diferença aumenta. É a diversidade entre as pessoas que faz a família ser o que é. Nenhuma família é igual à outra. Cada família é um organismo próprio e tem uma diversidade própria.

↗ Poderíamos propor alguma atividade para que você, catequizando, completasse algum espaço. Mas essa realidade não se aplica à diversidade. O que é diverso não deve ser enquadrado. Por isso, deixamos um espaço para que você fale, desenhe ou, a seu modo, descreva como a diversidade se revela em sua família.

↗ Partilhe com seus colegas sua produção sobre a diversidade e juntos repitam a oração.

Jesus de Nazaré,
que conviveu com quem era *diferente*
e *aceitou* as diferenças,
dai-nos a *serenidade* para acolhermos os *dons* da diversidade
e acolhermos também nossos *irmãos* que são diferentes de nós mesmos.

Convivendo com quem é diferente

A diversidade faz parte de nossa vida. Querer que todos sejam iguais é um desrespeito ao ser humano. Jesus respeitava essa diversidade que acontece em nós mesmos, nos sentimentos e pensamentos, e acontece também em nossa família, em nosso grupo de catequese e em nossa comunidade. Para que possamos conviver é necessário nos abrirmos à ideia de que as pessoas são diferentes e essa diversidade nos completa.

Falamos da diversidade em nós e em nossas famílias. Mas agora podemos dar mais um passo. Nossas famílias não estão isoladas. Vivemos em sociedade e ela é MUITO DIVERSIFICADA! Se olharmos para a sociedade podemos ver a diversidade em tudo: nos trabalhos, nos diferentes grupos, estilos e opiniões.

 Papo cabeça — Nossa sociedade respeita quem é diferente?

 **#FICA A DICA**

Por falar em #diversidade...

O cantor Lenine compôs uma canção com esse nome. A ideia da canção é bem parecida com o que estamos falando: a diversidade é boa e faz parte da criação de Deus. Você pode ouvir a canção pelo link <http://www.vagalume.com.br/lenine/diversidade.html> ou no CD "Lenine.doc - trilhas" de 2010.

\# A diferença nos leva a nos aproximarmos dos outros e não a nos afastarmos.

\# A diversidade é sentença, ou seja, não dá para vivermos sem ela.

\# Na diversidade percebemos "o toque de Deus", que com sua criatividade faz com que nos completemos.

A vida é COLORÍVEL!!! Use e abuse das cores para fazer da sociedade um espaço de felicidade.

Diversidade não é desigualdade

Muitas vezes confundimos diversidade (ou diferenças) com desigualdade. A diversidade valoriza o que cada pessoa tem. A desigualdade desvaloriza a pessoa. É muito importante sabermos que Deus nos cria diferentes, mas não desiguais. Homem e mulher são diferentes, trazem características diferentes. Isso faz parte da diversidade da vida. Quando acreditamos que o homem é melhor que a mulher pelo simples fato de ser homem, não estamos mais falando de diversidade ou de suas diferenças, mas de desigualdade. Também podemos falar de desigualdade econômica ou cultural como formas de desrespeito ao ser humano.

Fala Sério!

Desigualdade é uma invenção do ser humano e não está com nada!

A diversidade na Palavra de Deus

Muitos textos das Escrituras falam de diversidade. Entre eles podemos encontrar a diversidade das doze tribos de Israel (cf. Js 3,12), dos doze apóstolos (cf. Lc 6,12-16), e a diversidade presente nas primeiras comunidades que podemos perceber em 1Cor 12,12-21.

Paulo acompanha várias comunidades. Para cada uma delas escreve cartas diferentes, de acordo com o problema enfrentado pela comunidade. Nesta carta à comunidade de Corinto, Paulo fala da diversidade usando o exemplo do corpo humano.

Corinto é uma cidade portuária. Barcos chegavam todos os dias trazendo cargas e pessoas de vários lugares. Quando isso acontece, a cidade passa a ser formada por pessoas de culturas bastante diferentes. Foi o que aconteceu com Corinto. Não sabemos bem qual era o problema da comunidade. Mas se Paulo fala sobre diversidade, é sinal de que a comunidade tinha dificuldades para conviver com essa característica. Paulo é muito criativo ao usar o exemplo do corpo para falar da diversidade, visto que temos vários membros e eles são importantes justamente por serem diferentes.

Vamos ler
1Cor 12,12-21
Para identificar as mensagens que o texto nos traz.

P@po com Deus

↱ Escreva no espaço abaixo o versículo de que mais gostou.

_____
_____

↱ A comunidade de Corinto vivia uma situação de desigualdade. Em 1Cor 12,12-21, Paulo propõe a diversidade como solução. Você concorda com Paulo? Por quê?

_____
_____

↱ Quando você se sente parte do corpo dos filhos de Deus?

_____
_____

Rezemos juntos:
Deus bondoso e acolhedor,
que não manda para longe nenhum de seus *filhos*,
sabemos que nos *ama* e nos quer ao seu lado.
Hoje, pedimos por aqueles que não se sentem parte da *comunidade* e se sentem *excluídos*.
Que ninguém seja desrespeitado por ser diferente.
Que todos se sintam *acolhidos* em seu *amor*.
Por seu *Filho, Jesus Cristo*, no amor do *Espírito Santo*. Amém.

E A NOSSA IGREJA COM ISSO?!

A comunidade está repleta de diversidade. São vários os dons que se colocam a serviço para que a comunidade possa realizar seus trabalhos. Um exemplo disso é a festa de um padroeiro.

↪ Converse com as pessoas da comunidade para descobrir quais se colocam a serviço para a realização dessa festa. Depois, complete o quebra-cabeça.

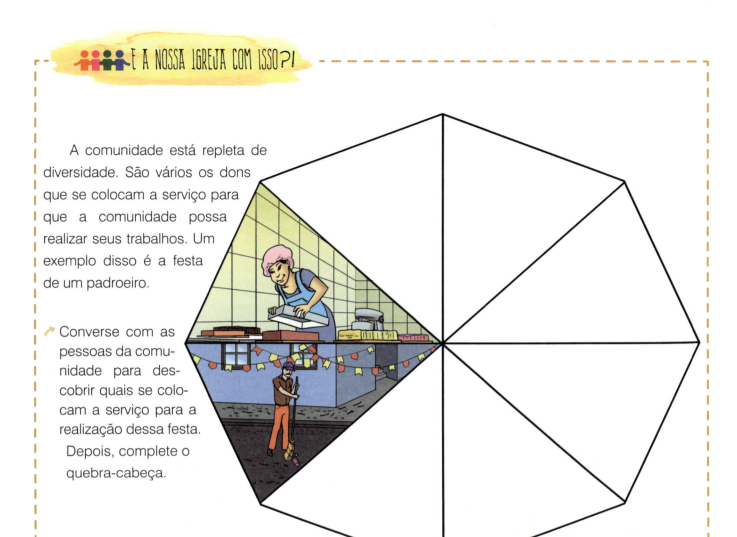

Relembrando...

- Precisamos enxergar a diversidade como um dom e não uma dificuldade.
- A diversidade e o respeito são inseparáveis. Se as separamos, damos espaço para o preconceito.
- Diversidade não é desigualdade. Ninguém tem o direito de achar o outro menos pessoa por trazer uma característica diferente.
- Jesus acolhia a todos, e Paulo usa o exemplo do corpo para falar do ideal de diversidade e unidade da comunidade.
- Colorido, o mundo fica muito mais bonito!

TEMA 4

ABRINDO PORTAS, DESTRUINDO MUROS!

Jesus é porta sempre aberta

André tem um grupo de amigos. Eles são bastante próximos e fazem muitas coisas juntos. Mas hoje André se encontra num dilema: seus amigos querem se reunir para assistir a um jogo de basquete. O problema é que André não gosta de basquete. O que fazer: não ir junto com os amigos ou fazer algo de que não gosta para valorizar suas amizades?

PORTAS E MUROS

Uma coisa é certa: ninguém consegue viver isolado. Nascemos da relação de nossos pais e mães e convivemos diariamente com pessoas. As pessoas fazem parte de nossa vida. Mas podemos nos relacionar com elas construindo PORTAS ou MUROS. Não estamos falando de muros construídos de tijolos ou de portas que colocamos em nossas casas. Trata-se de duas atitudes que assumimos em nossas relações. Os muros isolam. Quem constrói muros ao seu redor se isola, impedindo que as pessoas se aproximem. As portas nos abrem possibilidades de relacionamentos. Quem abre portas quer ir ao encontro das pessoas ou recebê-las. Abrir as portas nos permite perceber que a vida é muito maior que nosso cotidiano e que não devemos nos fechar em nós mesmos.

Fala Sério!

Quem se anula fazendo sempre aquilo que os outros querem não está com nada! Mas quem nunca sabe se desapegar de suas ideias fechadas também não!

Papo cabeça

Para quem você abre suas portas?

Quem você afasta com seus muros?

42

↗ Escreva nos tijolos nomes ou estilos de pessoas que você afasta de sua convivência.

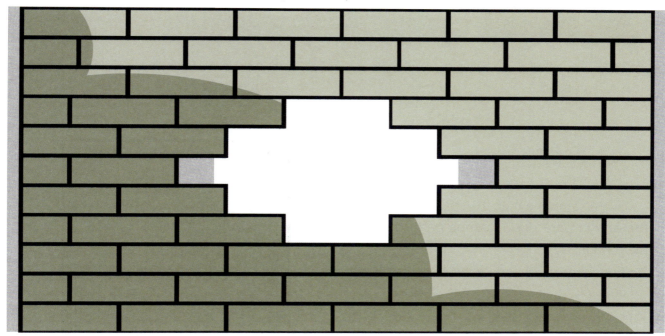

JESUS É PORTA QUE SE ABRE

Jesus nos mostra que o isolamento não nos traz benefícios. Ele não se afastava das pessoas. Pelo contrário, relacionava-se com todos. Para aprofundarmos essa ideia de como deve ser nossa postura em relação aos outros, vamos trazer a postura de Jesus. Os textos bíblicos usam a porta para falar de nossa relação com Jesus e mostrar sua atitude de acolhida. Em Ap 3,20, vemos Jesus, que bate à porta esperando sempre que abramos e o convidemos para entrar.

Em Jo 10,1-6, Jesus nos diz que Ele é a porta. O versículo 3 diz que o porteiro – que é Jesus – abre a porta. A porta deve sempre ser aberta. Quando abrimos a porta a alguém, estamos convidando-o a entrar e participar de nossa vida. Essa postura também respeita a postura de quem é convidado, que pode escolher entrar ou não. Na época em que o texto foi escrito, os pastores dormiam na porta do curral, para impedir a entrada dos ladrões que queriam roubar as ovelhas. Jesus se coloca na postura daquele que cuida ficando na porta.

Vamos ler Jo 10,1-6

#FICAADICA

POR FALAR EM #ABRIR A PORTA...

Jesus sempre abre seu coração. Porém, Ele respeita a nossa vontade e o nosso tempo. É como se disséssemos que Ele abre a porta, mas deixa que nós entremos. Também está à porta, mas espera que nós abramos o coração.

A canção "A chave do coração" (composição de Dalvimar Gallo e cantada por Adriana) nos fala dessa relação com Deus.

"Qual é a chave? Qual é o segredo?". Que espaço damos para que Jesus participe de nossa vida?

"Mas é você que tem que abrir...". Deus respeita o espaço que oferecemos a Ele.

A canção fala de "busca". E isso é bem verdade: a relação com Deus é uma busca. Ela acontece aos poucos, é um processo. Essa busca acontece por muitos modos: na oração, na comunidade e na relação com nossos irmãos.

A canção pode ser encontrada nos CDs "Milagres" e "Adriana ao vivo", da cantora Adriana, ou em <http://www.vagalume.com.br/adriana-arydes/a-chave-do-coracao.html>.

P@po com Deus

↗ Escreva abaixo o versículo que mais chamou sua atenção.

_____
_____
_____

Como vimos em Jo 10,1-6, Jesus é porta sempre aberta para que façamos parte de sua vida e Ele da nossa.

↗ Em sua vida, quando você se sente acolhido por Jesus?

_____
_____
_____
_____
_____

Sentir que Jesus abre a porta para que participemos de sua vida nos ajuda a abrirmos a porta de nossas vidas a outras pessoas?

↗ Qual a dificuldade de abrirmos nossa vida às pessoas?

_____
_____
_____

↗ Agora, vamos rezar pelas pessoas que fazem parte de nossa vida. Vamos escrever os nomes dessas pessoas na porta.

Ó *Jesus*,
Ajude-nos a abrir as portas de nossa *vida*,
Destruindo os *muros* que nos isolam.
Que a exemplo de sua *ação*,
Possamos descobrir a *alegria* que há em conviver com os *irmãos*.

Abrindo a porta de nossa vida

Vimos que a relação com as outras pessoas é uma característica que faz parte de nossa vida. Algumas pessoas se completam ao se relacionarem com menos pessoas. São as introvertidas. Outras são bastante extrovertidas e precisam se relacionar e falar com as pessoas. Mas o certo é que ninguém se basta a si mesmo.

Timidez é diferente de introversão

Uma pessoa tímida é aquela que tem medo de se comunicar, falar em público ou expressar suas ideias e opiniões. O tímido gostaria de ser diferente, mas o medo de não ser aceito ou errar o paralisa. O introvertido não tem medo. Ele apenas não sente a necessidade de se expressar e se sente muito bem assim.

Trocando Ideias

» Você respeita o jeito de ser de cada um?

» Quando alguém é mais quieto, ou introvertido, você o aceita do jeito que ele é?

Nossas relações

Agora vamos falar das várias pessoas com quem nos relacionamos, estabelecendo as mais próximas ou distantes. Nos círculos próximos ao boneco, que representa você, coloque o nome das pessoas com as quais mais se relaciona; nos círculos mais distantes, daquelas com quem você menos se relaciona.

45

Família... todas com seus conflitos, mas repletas da capacidade de amar

Toda família é um relacionamento e nenhum relacionamento é feito unicamente de alegrias. Quando nos relacionamos verdadeiramente com alguém, sempre passamos por conflitos. E nisso não há problema algum.

Sempre tomamos a família de Nazaré como exemplo para nós. É realmente ela é. Mas ela não é exemplo pela falta de conflitos. Se pensamos na família de Nazaré como uma família protegida contra qualquer sofrimento, estamos muito enganados. Maria era vista aos olhos da sociedade de sua época como uma mulher que ficou grávida fora do casamento (Mt 1,18); Jesus, ainda criança, perde-se de seus pais na cidade de Jerusalém, causando grande aflição (Lc 2,41-52). Quando crescido, Jesus segue seu próprio caminho, enquanto na época era comum seguir a profissão dos pais. E o pior de todos os sofrimentos: Maria vê seu filho sendo assassinado na cruz (Mc 15,22-18). Quer família com mais sofrimentos que essa?!

Sabe qual é a diferença da família de Nazaré? Ela sabia dialogar e procurar resolver as situações, tendo como critério o amor. Assim também nossas famílias são lugares privilegiados para vivermos o amor. Mas lembre--se: amor não é ausência de conflitos, mas a capacidade de superá-los com muito diálogo.

Namoro... uma parte gostosa da vida

Todos temos muitos sentimentos e precisamos de afeto. Na adolescência, esses sentimentos ganham uma proporção muito maior. Ficamos mais sensíveis, mais irritados; mais amorosos, mais impacientes. São as mudanças hormonais, psicológicas e sociais que despertam todas essas reações. É difícil passar por tantas mudanças ao mesmo tempo.

Mas a grande mudança – que engloba todas as anteriores – é que deixamos de ser crianças e entramos na juventude. E então as pessoas despertam em nós sentimentos e sensações que antes não existiam, como o afeto e o desejo sexual.

Tudo isso é muito bom se for bem vivido. É muito bom contarmos com o carinho e a companhia de uma namorada ou de um namorado. Namoro bom é aquele que tem como base a amizade. Ela cria laços muito mais fortes que qualquer atração física ou sexual.

Fala Sério!

Namoro não é casamento! Ainda não conhecemos a pessoa o suficiente para firmarmos um compromisso tão sério!

Papo cabeça

Quem de nosso grupo já namora? Como é o namoro de vocês?

Como é bom ter amigos

A adolescência é o momento da vida em que mais damos valor às amizades. Isso porque os amigos entendem as situações que vivemos ou até vivem essas situações junto com a gente. Os amigos são tão importantes que até Jesus teve os seus. O Evangelho de João nos fala da morte de Lázaro, que fez com que Jesus chorasse, pois o amava (cf. Jo 11).

As amizades também trazem alegria às nossas vidas. Os amigos são aqueles com quem compartilhamos momentos de felicidade. Existem momentos e situações da vida que são tão importantes, significativas e alegres que não queremos viver sozinhos. E até os momentos mais simples se tornam bem mais significativos quando temos a companhia de nossos amigos.

➤ Quais são as situações e os momentos de sua vida que você gosta de compartilhar com seus amigos? Use sua criatividade para responder.

As relações sociais

Mas nem só de amigos vivemos. Conforme vamos crescendo, nos inserimos na vida em sociedade. Ela é importante para nos desenvolvermos como pessoas. Aprendemos que temos nossa contribuição a dar aos outros e também recebemos da sociedade aquilo que é necessário para vivermos. A sociedade é feita de relações que acontecem através da escola, do trabalho e também da religião. Vamos refletir sobre isso na sequência.

O trabalho é a nossa contribuição para a sociedade. Todo trabalho é serviço prestado ao outro.

O motorista de ônibus não dirige para ele próprio.

A professora não ensina para si própria.

O agricultor não planta apenas para si.

O problema da sociedade atual é que transformou o trabalho, que é serviço prestado às pessoas, em emprego, que é serviço em troca de salário, para que possamos sobreviver.

Fala Sério!
Há quem não valorize o trabalho das outras pessoas!

Até a nossa juventude, a escola é o lugar onde passamos a maior parte de nosso tempo. Nela construímos amizades. Muitas pessoas guardam recordações muito boas de sua época de escola. Você se lembra de sua primeira professora? E dos amigos que não estudam mais com você?

Trocando Ideias
Quais as melhores recordações que você carrega desde que começou sua vida escolar?

Mas há pessoas que não têm muitas recordações boas para guardar da escola. Isso porque elas sofreram com o *bullying*.

O *bullying* acontece quando uma pessoa ou grupo agride verbal ou fisicamente uma outra pessoa repetidas vezes, causando sofrimento e a ridicularizando diante de um grupo. Muitas vezes podemos acreditar que estamos brincando. Mas as brincadeiras devem divertir a todos.

Fala Sério!
Só é brincadeira aquilo que alegra a todos!

Papo cabeça
Você já sofreu com *bullying* ou conhece alguém que sofreu?

48

Jesus era contra a exclusão

Não podemos falar que Jesus era contra o *bullying*. Ainda não existia esse comportamento na época em que Ele vivia. Mas todo *bullying* é uma forma de exclusão. E podemos afirmar com toda convicção que Jesus era totalmente contra a exclusão, baseado na ideia de aceitação, inclusão e acolhida. Isso porque a exclusão tem como objetivo tirar a pessoa do grupo de convívio, e a ação de Jesus sempre teve como objetivo incluir as pessoas em seu grupo de convívio.

Um texto que mostra bem a postura de Jesus está em Mc 10,46-52. Jesus tira o cego da beira do caminho (lugar de exclusão) e dá a ele as condições de andar no meio, junto com os discípulos.

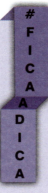

Por falar em #acolhida...

O *bullying* é sempre uma postura de covardia. Diminuímos o outro para que escondamos nossos próprios defeitos. O pior é que evidenciamos uma característica do outro que não é um defeito, mas apenas uma diferença. Quando acolhemos o outro, nos abrimos a novas experiências. Abrir as portas àquele que vive de uma maneira diferente, sem preconceitos ou julgamentos, nos transforma.

O vídeo "Na roça é diferente", da Turma da Mônica, mostra uma história que teria tudo para se transformar em *bullying*, com dois primos que vivem realidades e situações bastante diferentes. Mas a abertura de ambos ao novo e à amizade os transforma.

Algumas dicas:

\# O primo do Chico Bento chega à roça e aos poucos se abre às situações vividas naquele lugar.

\# Aquilo que no começo parecia ser "um atraso", como não ter eletrodomésticos, depois é visto como uma possibilidade de conhecer algo novo.

\# Conhecer lugares diferentes pode ser uma experiência muito legal.

\# O primo do Chico Bento volta para casa transformado e seu pai vê como a viagem foi boa.

O vídeo pode ser encontrado em <https://www.youtube.com/watch?v=Bfx_E3zvnjc>.

Vamos ler Mc 10,46-52

E ver como ele nos ajuda a entender a atitude de Jesus.

P@po com Deus

↗ Escreva o versículo que mais ajuda você a entender a atitude de Jesus.

_____
_____

O texto de Mc 10,46-52 nos traz um exemplo de limitação. Todos temos uma limitação que nos deixa em uma situação de desigualdade.

\# Você já se sentiu diminuído ou excluído por alguém? Quando?

\# Você já excluiu alguém? Quando?

\# A experiência na catequese ajuda você a respeitar quem é diferente? Você consegue transformar o que aprende na catequese em atitudes em sua vida cotidiana?

E A NOSSA IGREJA COM ISSO?!

A comunidade deve ser lugar de acolhida e de relação. Ao ser acolhido na comunidade, geralmente no início de sua vida, a pessoa recebe o Sacramento do Batismo. As paróquias e comunidades cristãs buscam preparar aqueles que receberão o Sacramento do Batismo e também seus pais e padrinhos. Os responsáveis por essa preparação formam a Pastoral do Batismo. Eles são agentes de pastoral que buscam refletir com as pessoas qual é o sentido de fazer parte da comunidade e receber esse Sacramento.

Aqueles que querem colaborar, em nossa comunidade, encontram espaço para se inserirem?

Você se sente acolhido quando participa das celebrações ou atividades comunitárias? Partilhe sua percepção com seus colegas.

Relembrando...

- Abrir portas nos leva a novas relações enquanto construir muros nos isola.
- Sempre é bom nos relacionarmos com as pessoas. Afinal, não somos autossuficientes.
- Uma família necessita de diálogo para se relacionar bem.
- O namoro e as amizades também são formas de relacionamento.
- A exclusão e o *bullying* são atitudes contrárias às de Jesus.
- A comunidade de fé deve ser lugar de relacionamentos.
- Relacionar-se faz bem!

TEMA 5

E AGORA, O QUE FAZER?

Permanecer no amor de Deus

As escolhas fazem parte de nossa vida. Escolhemos aquilo que comemos, as roupas que vestimos, as canções que escutamos e até as pessoas com quem convivemos. Queremos que Deus seja a base e o critério de nossas escolhas. Por isso, as escolhas que fazemos podem nos levar a permanecer no amor de Deus ou nos afastar dele.

Trocando Ideias

E hoje? Você já fez muitas escolhas?

↗ Complete os espaços com exemplos de algumas escolhas que você já fez no dia de hoje. Podem ser aquelas bem simples, que fazem parte do cotidiano. Também podem ser algumas mais sérias, daquelas escolhas que mudam nossa vida.

51

Muitas vezes as pessoas escolhem por nós. Às vezes isso é normal, faz parte da nossa vida. Por exemplo: nem sempre escolhemos aquilo que vamos almoçar. Às vezes é nossa mãe, nosso pai, ou alguém da nossa família que faz a comida.

Mas quando temos oportunidade, é sempre bom exercitarmos a nossa capacidade de escolher.

Também sabemos que toda escolha tem suas consequências. Às vezes elas podem ser boas. Outras vezes ruins. Quando escolho comer alimentos não saudáveis todos os dias, escolho junto a consequência de ter problemas de saúde. E o mais importante: ISSO NÃO DIMINUI A NOSSA RESPONSABILIDADE NA HORA DE ESCOLHER!

> **Fala Sério!**
> Tem gente que não gosta de escolher!

Com o tempo, conforme crescemos, nossas escolhas vão ganhando uma proporção maior. Já não são os outros que escolhem por nós, mas nós mesmos que escolhemos aquilo que vamos fazer de nossa vida. Escolhemos a pessoa com quem vamos namorar, casar e ter filhos. Ou escolhemos não casar nem namorar, sendo felizes solteiros.

Todos temos critérios para fazermos nossas escolhas. Eles mostram aquilo que é importante para nós. Se escolhemos que não vamos colar na prova, pois isso nos prejudica de algum modo, o critério é o da honestidade.

> **Papo cabeça**
> Qual é o critério para suas escolhas?

Nossas escolhas iluminadas pela Palavra de Deus

A Bíblia é um livro repleto de situações onde as pessoas fazem suas escolhas. Temos Adão e Eva, que escolhem comer do fruto (cf. Gn 3,6), temos Moisés, que escolhe aceitar o chamado de Javé e libertar o povo da escravidão do Egito (cf. Ex 3-14), temos Maria, que faz sua escolha e diz seu sim a Deus por intermédio do anjo Gabriel (cf. Lc 1,26-38), e temos a pessoa que talvez mais tenha suas escolhas retratadas na Bíblia: Jesus.

Jesus faz muitas escolhas. Escolhe curar doentes, escolhe dar pão a uma multidão esfomeada, escolhe contar com pessoas que o ajudam em seu trabalho (cf. Mc 1,16-34) e escolhe viver até o final o amor do Pai pela humanidade, aceitando a consequência de morrer na cruz (cf. Lc 23,46). Nem sempre essas escolhas são simples de serem feitas. A de morrer na cruz deve ter sido muito difícil. Podemos entender o peso dessa escolha, quando o evangelista nos conta que Jesus, antes de ser preso, suava sangue (cf. Lc 22,44). O evangelista quer mostrar que Jesus estava tenso antes de fazer sua escolha.

Papo cabeça — Você já ficou tenso por ter que fazer alguma escolha?

Escolhas X destino

Muitas pessoas falam em destino. Há duas formas de entendermos isso. A primeira é o destino como o final de uma viagem, por exemplo, de São Paulo a Porto Alegre. Esse destino é consequência das nossas escolhas. Escolhemos viajar. Outra ideia (errada) é a de acreditarmos em destino como algo que vai acontecer independentemente de nossa vontade. Usando a metáfora da viagem, é como se acreditássemos que, independentemente do transporte que utilizamos, nosso destino é chegar a Porto Alegre, e lá chagaremos mesmo que peguemos um avião para Fortaleza.

E Jesus, veio para morrer na cruz?

Podemos dizer que Deus nos cria numa viagem cujo destino é viver no seu amor. Mas Deus nos deixa fazermos nossas escolhas. E com Jesus não seria diferente. Ele não veio ao mundo para morrer na cruz. Isso seria incoerente para um Deus que é amor. Jesus veio para anunciar o Reino de Deus, que é amor.

Jesus fez uma escolha muito profunda de viver o amor de Deus e nunca abriu mão disso. Escolheu viver esse amor até as últimas consequências. O problema é que muitos não entenderam esse projeto de amor e ficaram profundamente incomodados com a postura de Jesus.

É o amor de Jesus que o leva a morrer na cruz. Ele decide não abrir mão de seu projeto, que é o Reino de Deus, mesmo que seja condenado à morte.

Dentre as situações, quais as mais importantes para você? Selecione no máximo três. Depois, converse com seus colegas sobre suas escolhas.

Bem-estar

Família

Lazer

Saúde

Dignidade

Trabalho

Amor

Honestidade

A Palavra que nos une a Deus

A comunidade do evangelista João era muito diversificada. Havia pessoas com variados modos de ser e vindas de lugares bem diferentes. João se pergunta: temos que fazer as mesmas escolhas para sermos cristãos? Sua resposta é que temos que ser iguais no amor. A comunidade de João também é conhecida como a comunidade do discípulo amado. Mas o que é o amor? Para o evangelista é permanecer em Deus.

Em Jo 15, encontra-se o exemplo da videira que tem muitos ramos. O importante é todos estarem ligados à mesma videira que é Deus. O amor é responsável por cultivar, cuidar, podar.

Vamos ler
Jo 15,1-2.11-17

P@po com Deus

- Escreva o versículo de que você mais gostou.

_____
_____

- O que o evangelista quer dizer com "permanecer no amor de Deus"?

_____
_____

- Como você busca permanecer no amor de Deus? O que isso significa na sua vida?

_____
_____
_____

A videira precisa de adubo e água para dar frutos. Às vezes também precisa de podas. E você, o que faz para que sua vida dê frutos?

- Vamos nos unir a Deus. Coloque nos ramos da videira quais as situações, pessoas ou escolhas de sua vida que você quer unir a Deus.

Permanecer no amor de *Deus*,
Sendo *videira* que produz frutos,
Alimentando a *todos*,
Alimentando-se de *amor*

54

Escolher o amor de Deus

Vimos que Jesus fazia suas escolhas procurando viver sempre o amor de Deus. Também nós podemos escolher a partir do amor de Deus. Mas há pessoas que passam por situações em que precisam fazer escolhas que exigem grande responsabilidade. Isso acontece em situações de doença e sofrimento, e mesmo em responsabilidade diante do nosso próximo e da sociedade.

Mas existe um problema sério: muitas pessoas que se incomodam com a corrupção no mundo da política não se incomodam em furar filas de supermercado, usar as vagas de carro reservadas para pessoas com deficiência ou idosos, ou mesmo ficam felizes quando recebem troco a mais numa compra, por exemplo.

Fala Sério!

Corrupção é corrupção e ponto final!

Corrupção acontece sempre que tiramos proveito de uma situação, não respeitando o direito das outras pessoas.

↗ Que tal você relacionar outros exemplos de atitudes que são comuns e que as pessoas não enxergam como corrupção?

Papo cabeça

Vivemos numa sociedade fortemente marcada por escândalos de corrupção.

O que você acha da política no Brasil, no que diz respeito à corrupção?

#FICA A DICA

POR FALAR EM #CORRUPÇÃO...

Tom Zé e Ana Carolina compuseram uma canção chamada "Unimultiplicidade", disponível em: <https://www.youtube.com/watch?v=VcpuRQMzKMs>. A canção também pode ser encontrada no CD "Ana e Jorge, ao vivo".

A poesia "Só de sacanagem", de Elisa Lucinda, convida à reflexão. Você pode assistir Ana Carolina recitando-a em <https://www.youtube.com/watch?v=cE1VuxpOshI> ou a própria autora no seguinte link: <http://www.youtube.com/watch?v=iTFP-PgYj5uQ>.

Tanto a canção como a poesia se baseiam na ideia de que não devemos ser corruptos em nosso cotidiano.

Não devemos nos acomodar com a situação de impunidade.

Devemos espalhar a honestidade e não a corrupção.

Cada um tem a sua responsabilidade de ser sinal de esperança.

E tanto a canção como a poesia são bastante otimistas. Dá para mudar o final.

A Palavra de Deus e nossas escolhas

É importante sabermos que Paulo está escrevendo uma carta para a comunidade cristã que está na cidade grega de Corinto. Ele escreve para um problema que é enfrentado por aquela comunidade. Corinto é uma cidade portuária. Chegam numa cidade assim, todos os dias, pessoas de lugares diferentes. Corinto é uma cidade bastante movimentada. Numa cidade assim, com pessoas bastante diferentes, encontramos também ideias diferentes. Numa situação como esta, em que vemos comportamentos e costumes diferentes dos nossos, costumamos nos perguntar: quem está certo?

Quando Paulo fala que "tudo me é permitido, mas nem tudo convém" (v. 12), ele está falando do problema que pode ser a falta de critério. Mas aqui enxergaremos a situação de um modo mais amplo. Posso fazer tudo o que quiser. Mas nem tudo convém, pois nem tudo me faz bem e faz bem aos outros.

Vamos ler
1Cor 6,12-14

✏ Vamos analisar algumas situações que nos chamam a fazermos escolhas. Ao escolher, guiados pelo amor de Deus, tornamos-nos discípulos de Jesus.

Quando poluímos ou não jogamos o lixo no lugar certo destruímos aquilo que foi criado por Deus. Como você cuida do lixo que produz? Na sua cidade há programas de reciclagem de lixo?

Também enfrentamos problemas com a falta de água. Como você faz uso da água?

Situação infantil

Muitas crianças não podem escolher e são os adultos que escolhem por elas. Das situações citadas, que mostram descaso com a vida das crianças, qual mais incomoda você? Escolha apenas uma e depois explique os motivos que o levaram a escolher essa atitude e o porquê de ela o incomodar tanto.

○ ABORTO   ○ CRIANÇAS MORADORAS DE RUA   ○ FALTA DE ESCOLAS

Os idosos

Quando chegamos à velhice também sofremos as consequências das escolhas das outras pessoas. Muitas vezes escolhem onde os idosos irão morar, como irão viver e até o momento em que irão morrer.

O idoso deve ser valorizado por sua experiência de vida e por sua sabedoria, e mesmo quando ele já não está tão bem e tem seus pensamentos confusos e atrapalhados, merece nosso respeito, carinho e atenção.

↱ Quais atitudes demonstram nosso respeito com os idosos?

↱ Mas muitas vezes não os respeitamos. Quais gestos demonstram nossa falta de respeito com eles?

Sexualidade

Uma das escolhas mais importantes da nossa vida são aquelas que dizem respeito aos cuidados que temos com o nosso próprio corpo. Essas escolhas dizem respeito à nossa sexualidade. A sexualidade está relacionada ao modo como expressamos nossos sentimentos mais íntimos. Ao expressarmos nossos sentimentos por alguém podemos dar início a uma relação de namoro. Saber escolher com quem namorar e quando namorar é muito importante. Às vezes, num namoro, podemos fazer algumas escolhas que, quando mal feitas, podem mudar nossa vida de maneira definitiva.

↱ Quais escolhas relacionadas à sexualidade podem mudar nossa vida de maneira definitiva? Escreva algumas no espaço para depois conversar com seus colegas.

E A NOSSA IGREJA COM ISSO?!

O cristão busca se manter unido a Jesus para ser sinal de sua graça na vida das pessoas. Todo serviço prestado pela comunidade cristã tem como base esta intenção: ser um braço de Jesus na relação com os irmãos.

Mas unir-se a Cristo é um processo que se inicia na opção pelo batismo. Depois, vamos percebendo nossos dons e carismas e os colocamos a serviço. A Pastoral Vocacional é responsável por facilitar esse processo. No contato com as pessoas da comunidade, ela busca possibilitar o contato com os vários modos de vida cristã. Assim cada membro da comunidade, poderá descobrir sua vocação e com ela se manter unido a Jesus. São basicamente três estilos de vocação. Temos a vocação sacerdotal, a vocação religiosa e a vocação leiga. A Pastoral Vocacional, no contato com os leigos e leigas, busca levá-los à reflexão da importância da presença deles na Igreja e na sociedade. A vocação leiga se concretiza nas pastorais, movimentos e serviços da comunidade, mas também na família e na sociedade, quando os leigos se colocam a serviço.

Você já pensou qual é a sua vocação? Partilhe com seus colegas.

Relembrando...

- As escolhas fazem parte da nossa vida.
- Temos responsabilidade quando escolhemos algo.
- Quando escolhemos o que fazer da nossa vida, nossa responsabilidade se torna ainda maior.
- O critério para nossas escolhas deve ser o amor de Deus.
- A corrupção é consequência de quem escolhe a partir de seus interesses mais egoístas.
- Nossas escolhas devem cuidar da natureza, criação de Deus.
- Também devemos cuidar dos idosos. Eles merecem nosso respeito.
- E devemos cuidar do nosso bem mais precioso, nosso corpo e nossos sentimentos.

TEMA 6

NÃO FOI BEM COMO EU QUERIA. E AGORA?

O erro e a perda como parte da vida

Quantas vezes tivemos que tropeçar e cair para aprender a andar? Quanto tivemos que treinar para aprender a ler, escrever, andar de bicicleta ou jogar bola? E nesse processo de aprender a fazer alguma coisa, o erro fez parte de nossa vida. É claro que quando começamos a fazer algo queremos acertar. Mas muitas vezes erramos. E isso é mais comum do que imaginamos.

O problema é que vivemos numa sociedade que busca esconder os erros. Somos criados para acertar sempre. Nossa sociedade é repleta de competições: para sermos vencedores no campeonato de vôlei ou futebol, para passar no vestibular, para conseguir aquela vaga de emprego. Mas ninguém é capaz de acertar sempre, e quando erramos, ficamos profundamente decepcionados.

> **#FICA A DICA**
>
> **Por falar em #errar...**
>
> A vida é mais processo que competição. A canção "Errar é humano", composição de Toquinho e Elifas Andreato, trabalha bem essa ideia. Há um clipe na internet que mostra bem isso na forma de desenho animado, que pode ser visto em <http://www.vagalume.com.br/toquinho/errar-e-humano.html>.
>
> \# Perfeição é algo que está mais na nossa cabeça que na nossa vida.
> \# "Todos têm algum defeito", ninguém é perfeito.
> \# Não temos que ter vergonha de quem somos.
> \# Errando, vemos que a vida é um processo. Vamos caminhando por ela. Ela não está pronta, vai se fazendo.
> \# Cada pessoa tem um jeito de ser que não se repete. O padrão é muito chato.

59

↗ Errar e perder são duas situações que fazem parte do processo que é a vida. Você consegue pensar em mais algumas situações onde o erro ou a perda se fazem presentes em sua vida?

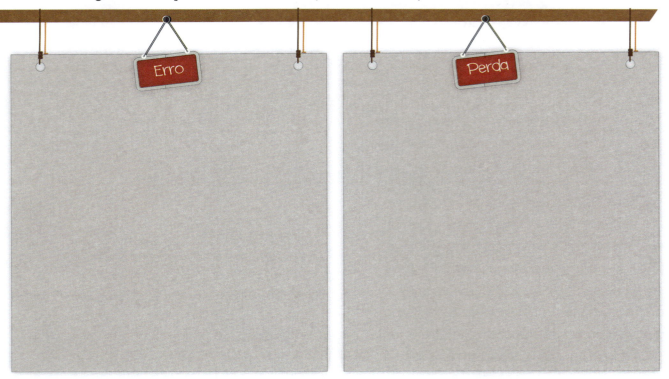

Ganhar ou competir?

Desde cedo aprendemos que o mais importante não é ganhar, mas ser competitivo. Temos um problema. A competição visa sempre à vitória. E quando um ganha, necessariamente, todos os outros perdem. Nossa vida deveria ser feita de mais momentos de participação e convivência e de menos momentos de competição. A competição é saudável se feita na medida correta. O que não devemos é transformar nossa vida numa grande e eterna competição.

As coisas acabam. E quando somos felizes com alguma situação, sentimento ou pessoa, é difícil aceitarmos que isso pode acabar. Mas a vida é movimento, é transformação, é construção. As situações, sentimentos e pessoas se renovam, construindo novas relações.

Sobre perdermos, o que nos fala a Palavra de Deus?

Será que Jesus passou por momentos de perda? Claro que sim. Conforme o tempo passava, Jesus percebia que mais perto estava da cruz. A cruz é uma experiência de perda. E o pior, uma experiência de perda da vida.

Jesus usa o exemplo do grão de trigo para falar de como a perda faz parte da vida. Ele diz que se um grão de trigo não morre, não produz fruto (Jo 12,24). O que Jesus quer dizer é que na vida não dá para termos tudo. Se ele queria levar o projeto do Reino de Deus até o fim, precisava se doar inteiramente. Isso incomodaria aqueles que estavam no poder, e Jesus seria morto. Mas se não se entregasse inteiramente, trairia a si mesmo e aos seus ideais.

Vamos ler Jo 12,23-28

✒ Copie no espaço o versículo 24. Ele fala do grão.

Fala Sério!

As pessoas que morrem, mas nos deixam boas recordações, são pessoas que se fazem verdadeiramente vivas!

Trocando Ideias

Você conheceu alguém que já morreu, mas que continua vivo em você, por ter lhe ensinado muitas coisas boas?

Rezar pelos mortos

A nossa Igreja tem tradição de rezar pelos mortos. Acreditamos que nossa oração os ajuda, e a intercessão deles nos ajuda.

✒ Desenhe uma chama na vela. Depois, escreva o nome das pessoas que morreram e deixaram boas recordações em sua vida.

Essas pessoas foram importantes em nossa vida. Peçamos a Deus que as ilumine.

Perda X fracasso

Saber conviver com a situação de erro ou perda é diferente de conviver com o fracasso. Saber perder ou errar é aceitar uma situação que faz parte de nossas vidas. Fracassar é a postura de desistir de viver, de acreditar que a vida é uma grande perda ou erro. E isso não é verdade. A vida é feita de erros e acertos, de perdas e ganhos.

↱ Você consegue perceber as situações de perda e ganho que fazem parte da sua vida? Complete o quadro.

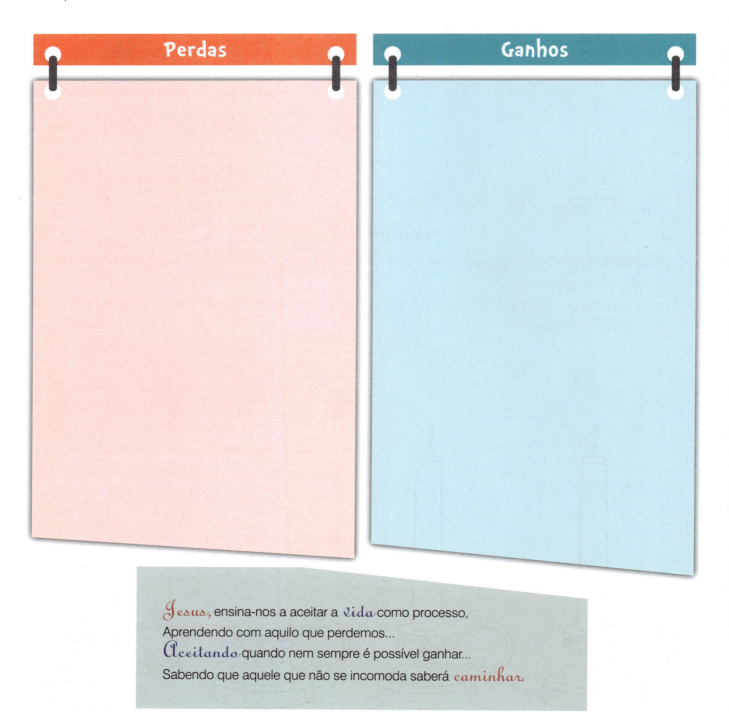

Jesus, ensina-nos a aceitar a vida como processo,
Aprendendo com aquilo que perdemos...
Aceitando quando nem sempre é possível ganhar...
Sabendo que aquele que não se incomoda saberá caminhar.

Situações que fazem parte de nossa vida

Vimos que a vida é um processo e muitas vezes perdemos ou erramos. Reconhecer essas limitações como parte da vida é importante para crescermos como pessoa. Jesus também nos ensinou isso quando disse que era preciso que assumisse a missão do Reino com amor e intensidade, mesmo que isso resultasse em sua morte. Continuaremos nosso tema falando de situações práticas da vida onde o erro e a perda se fazem presentes.

A minha amizade acabou...

Nem toda amizade é igual. Também nem todo final de uma amizade é igual.

Podemos perder amigos porque mudamos de cidade.

Neste caso, a amizade não acabou. Os amigos apenas se distanciaram, mas nunca deixam de ser amigos.

Podemos perder amigos porque brigamos com eles.

Neste caso, podemos fazer algo para reatar a amizade? Às vezes, somos muito vaidosos e não queremos assumir que erramos. E se foi nosso amigo ou amiga que errou, vale a pena relevarmos. Afinal, é nosso amigo!

Trocando Ideias
Há algum outro motivo que leva ao término de uma amizade e não foi retratado acima?

Papo cabeça
Qual o valor de uma amizade? Por que perdê-la é tão ruim?

63

E agora? Meu namoro acabou

O final de um namoro é uma situação presente na vida de muitas pessoas. Se não, um dia pode vir a acontecer. Os relacionamentos acabam mesmo. E isso acontece com maior frequência quando eles estão no começo, ou quando somos mais jovens. Todo namoro é uma tentativa de construir um relacionamento com uma outra pessoa, que pode dar certo, ou não.

Fala Sério!
Tem gente que pensa que namoro é igual a casamento!

Papo cabeça
Para você, qual a diferença entre namoro e casamento?

E agora? Acabou o casamento de meus pais...

Essa é uma situação muito triste. Quem passou por isso sabe. A situação é bastante diferente do namoro. Nossos pais já haviam se casado, firmado um compromisso, tiveram filhos, mas o casamento não deu certo. Muitas vezes nós não conseguimos entender tudo o que se passa na vida dos adultos.

Quando é possível, podemos incentivar o entendimento entre nossos pais. Nunca podemos abrir mão do respeito, seja entre nosso pai e nossa mãe, seja entre nossos pais e nós mesmos.

O importante é sabermos que não deve acabar o amor entre os pais e os filhos.

Também devemos respeitar nossos colegas e amigos que veem suas famílias passando pela situação de divórcio.

Trocando Ideias
Você já passou por uma situação de divórcio em sua família?

A triste dor de perder um emprego

Falamos dos momentos em que o erro ou a perda faz parte de nossa vida. Mas há momentos em que perder é bem complicado. Já pensou num pai ou mãe que perde o emprego? Como sustentar a família numa situação assim?

Quando pensamos em uma profissão, pensamos em algo que gostamos de fazer. Também podemos entender que toda profissão é um serviço prestado ao outro. Além disso, a profissão é a maneira que encontramos de garantir o sustento, seja o nosso ou o de nossa família.

Papo cabeça
O desemprego é uma realidade muito cruel. Você concorda com essa afirmação?

Quando perdemos o emprego primeiramente perdemos nosso meio de sustento. Isso é bem complicado, pois as contas a pagar se acumulam. Não temos condição de comprar aquilo que é básico para sobrevivermos, como, por exemplo, a comida. Desempregados, também deixamos de prestar nosso serviço à sociedade e somos impedidos de fazer aquilo que nos leva a nos realizarmos como pessoa.

Perder a vida por causa das drogas ou da violência

Quando alguém se afunda no mundo das drogas, ele perde sua dignidade. As drogas levam à dependência, e o corpo rapidamente sofre vários danos por consequência de suas ações químicas. Muitos, movidos pela dependência, entram no mundo do crime, para sustentar esse vício.

Esse tipo de dependência não deve ser tratado apenas como um problema familiar, mas como uma questão social. O uso do crack já é considerado por muitos especialistas como uma epidemia, ou seja, uma doença que toma conta de tantas pessoas, que se torna um problema muito sério. A droga destrói a vida da pessoa e de seus familiares, além de trazer muitos prejuízos à sociedade.

Além das drogas ilícitas, temos as lícitas, mas que também fazem muito mal às pessoas, como as bebidas e o cigarro.

A violência é um problema bem complexo. Primeiramente, ela é um desrespeito à pessoa. Não há motivos aceitáveis que levem uma pessoa a matar outra. Há vários problemas que levam a nossa sociedade a ser violenta. O maior deles é a desigualdade social. O Brasil é um dos países do mundo em que encontramos a maior desigualdade social. Isso significa que aqui a diferença entre os mais ricos e os mais pobres é muito grande. Consequentemente, vivemos num país onde a violência é grande.

O homicídio é a maior expressão da violência. Quando se tira a vida de alguém, junto tiram dela todos os direitos e possibilidades. Sem vida, ninguém é capaz de transformar a situação.

✎ Busque alguns números e estatísticas sobre homicídios, seja em sua cidade, seu estado ou no país. Depois, vamos partilhar com os colegas para vermos como nossa sociedade convive com esse problema.

Fala Sério!

Quem usa drogas para se divertir não sabe das consequências que elas trazem!

Papo cabeça

Você já foi vítima de violência? O que ela fez você perder?

Na sua opinião, o que fazer para resolver esse nosso problema?

A maior das perdas: a morte

Muitas vezes nos deparamos com situações de perdas que são muito dolorosas. Algumas pessoas precisam de um tempo maior para superar essa fase da vida. Isso é muito comum quando morre alguém muito querido. Quem está vivendo um momento de luto precisa ter todo o nosso amor e ajuda, mas deve ter o seu tempo respeitado.

DEPRESSÃO

Outra situação de bastante dificuldade é a depressão. É importante sabermos que a depressão não é apenas um desânimo ou um cansaço. Depressão é uma doença e precisa de acompanhamento médico. Quem está com depressão precisa de nosso apoio e paciência, e não de nossos julgamentos.

Tudo caminha para Deus

Deus nos cria para a vida. Quando isso não acontece, Ele busca nos ajudar para orientarmos nosso caminho. A ressurreição é a vida plena. Mesmo com a cruz, o plano de Deus é sempre a ressurreição.

A Palavra de ressurreição

Erros (ou perdas) e sofrimento são situação bem diferentes. Deus não nos quer sofrendo. Mas respeita nosso processo de crescimento. É como um pai à espera de que seu filho ande. Se o pai o carrega sempre no colo, seu filho nunca aprenderá a andar. Então, é preciso pagar o preço de algum tombo ou joelho ralado. Assim também Deus se comporta conosco. O que Ele quer é nos ver com vida.

O Reino de Deus acontece no amor, que passa pela cruz e se plenifica na ressurreição.

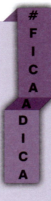

Por falar em #ressurreição...

A ressurreição é plano de Deus para todos nós. Ela renova nossa vida. É um levantar após o tombo. É viver o mesmo de uma maneira diferente e nova.

A canção "Tudo novo de novo", de Paulinho Moska, pode nos ajudar a entender melhor essa situação.

\# A ressurreição começa quando colocamos um ponto final no sofrimento.

\# A ressurreição não é um plano de Deus apenas para uma vida futura. Ele dá sinais dessa vida plena aqui nesta vida. Hoje tem um sol diferente no céu...

\# Nada é tão triste que não possa ser superado, mesmo que seja muito difícil. A companhia das pessoas nos ajuda a acender novas luzes.

\# Tudo pode se renovar...

A canção pode ser encontrada em <http://www.vagalume.com.br/paulinho-moska/tudo-novo-de-novo.html> ou no CD "Tudo de novo", de Paulinho Moska.

Jo 20,11-18

Maria chora a morte de Jesus. E fica mais triste ainda, pois acreditava que haviam roubado o corpo dele. Mas o ressuscitado traz uma notícia que a alegra.

P@po com Deus

↗ Escreva no espaço abaixo o versículo de que você mais gostou.

↗ Por que a ressurreição de Jesus é importante?

✍ A ressurreição de Jesus ajuda você a olhar para sua própria vida com mais confiança?

✍ Quais os sinais de ressurreição que você percebe na sua vida?

E A NOSSA IGREJA COM ISSO?!

A ressurreição se mostra como horizonte para toda a humanidade e já ilumina com seus raios a vida humana aqui na Terra. Entendemos os sinais da ressurreição nas situações de superação que se fazem presentes na vida das pessoas. Muitas são as pastorais, movimentos e serviços que auxiliam as pessoas, possibilitando situações de superação. Exemplo é a Pastoral da Sobriedade. Ela trabalha com pessoas com dependência química. Diante da tristeza do uso de drogas, a Pastoral da Sobriedade estabelece parceria e muitas vezes administra centros terapêuticos e casas de recuperação que auxiliam os dependentes químicos nessa difícil empreitada de superação.

Para quem passa pela recuperação e se vê livre do problema com as drogas, a sensação e a experiência são de uma verdadeira ressurreição. O dependente conviverá até o final de sua vida com esse problema. Por isso, a Pastoral da Sobriedade se torna um importante instrumento que auxilia na superação cotidiana da dependência química.

A Pastoral da Sobriedade tem também um importante trabalho de prevenção. Evitar o problema com as drogas é mais eficaz que trabalhar com o dependente.

Você já conviveu com alguém que apresenta o problema da dependência química? Partilhe com seus colegas.

Relembrando... — ▢ X

- Errar faz parte da vida.
- A vida é processo, e constantemente estamos aprendendo.
- Jesus nos ensinou que na vida não se pode ter tudo. O grão, para virar fruto, tem que morrer.
- Perder não significa fracassar.
- Muitas vezes nossas relações têm um fim.
- Até a vida acaba.
- Nas nossas relações, é preciso buscar fazer sempre o melhor.

TEMA 7

CONVIVENDO E APRENDENDO NA CIDADE ONDE MORAMOS

As pessoas não conseguem viver sozinhas. Sentimos necessidade de nos comunicar, de expressar nossos sentimentos, ideias e convicções. Também sentimos necessidade de contribuir para que a vida daqueles que nos cercam seja melhor.

É pela necessidade de cooperação que as pessoas se juntam para viver em sociedade. A forma mais simples de sociedade é a nossa família. Ela é o primeiro grupo onde o ser humano vive. Mas também vivemos em uma rua com suas casas, em um bairro, vila ou uma cidade.

Fala Sério!

O ser humano sente a necessidade de ser útil!

Com qual dessas cidades a sua se parece?

Trocando Ideias

Como é a sua cidade?

Conhecendo um pouco melhor a nossa cidade

Minha cidade se chama: _____
_____

De onde vem seu nome? _____
_____
_____

Quantos anos ela tem? _____

Como ela surgiu? _____
_____
_____
_____
_____

A maioria das pessoas trabalha em quê?
_____
_____
_____

Quantos habitantes há na cidade? _____
_____

↗ Coisas que a minha cidade tem e que me fazem bem.

↗ Coisas que a minha cidade tem e que não me fazem bem.

A cidade onde moramos nos possibilita viver várias situações. Nossa escola, nossa família, nossas amizades, o trabalho de nossos familiares e até nossa comunidade eclesial estão inseridos na sociedade onde vivemos. A cidade onde vivemos influencia no nosso modo de vivermos nossa vida, nossas relações e até mesmo nossa religião. Se ela é uma cidade mais organizada, com mais benefícios, ela nos auxilia a vivermos melhor. Se, pelo contrário, ela nos traz algumas dificuldades, como cristãos, somos chamados a interagir com ela, transformando-a. Toda cidade tem seus problemas e tem também seus benefícios.

A cidade é convívio e ajuda...

A cidade facilita nossa vida. Além de ser o lugar onde convivemos com as pessoas, nela nos ajudamos e construímos nossa vida. Já parou para pensar em como as profissões das pessoas facilitam a nossa vida? Precisamos de serviços que não sabemos ou não temos tempo para fazer. Já pensou como seria nossa vida sem o médico, o vendedor de picolé que está na praça nas tardes de calor ou a professora e o professor? Todos eles fazem parte de nossa vida e são úteis para a sociedade.

A profissão é sempre um serviço ao outro. O professor não ensina a si mesmo, mas ao aluno. O motorista do ônibus leva os passageiros, o gari varre a rua para que todos tenham um ambiente limpo e agradável.

Papo cabeça

Você já pensou em qual profissão quer ter?

Quando você pensa na profissão que quer ter, você pensa em como vai ajudar as pessoas ou nos benefícios que terá?

Fala Sério!

Tem gente que acha que algumas profissões são melhores e por isso diminuem as outras!

Trocando Ideias

Já pensou em como seria sua vida sem alguns dias de trabalho do lixeiro?

A cidade de Jesus

Ao longo de sua vida, Jesus viveu em várias cidades. Segundo o evangelista Mateus, Ele nasceu em Belém, uma cidade do sul da Judeia (cf. Mt 2,1). Mas cresceu mesmo em Nazaré, que fica ao norte, na Galileia. A cidade de Jesus tinha características de povoado. As pessoas viviam principalmente do pastoreio e de pequenos ofícios. José, pai de Jesus, por exemplo, era carpinteiro (cf. Mt 13,55). Provavelmente, Jesus também aprendeu o ofício da carpintaria. Era costume da época que os pais ensinassem sua profissão aos filhos. Mas apesar de contar com todas as condições para que todos os seus habitantes vivessem uma vida tranquila, a região da Galileia tinha seus problemas e eles eram sérios. O Império Romano dominava toda a região e cobrava altos impostos. Então, as pessoas tinham que trabalhar muito, pois as taxas eram muito altas. Podemos lembrar que em vários momentos de sua vida, Jesus falará da situação de pobreza e opressão vivida pelo povo do norte (Galileia). Jesus é um homem do campo e gosta de ser do campo. Podemos perceber suas origens nas parábolas e exemplos que Ele usa. Jesus fala de pastores, de sementes, de plantas e animais.

Por falar em #GALILEU...

Jesus viveu na Galileia. Por isso, também era conhecido como Galileu. Padre Zezinho compôs a canção "Um certo galileu" para falar da história da vida de Jesus de Nazaré.

Você pode escutá-la em <http://www.youtube.com/watch?v=nSBaV3GlEZ4> ou no CD "Pe. Zezinho, scj – 45 anos de canção".

\# Existem duas versões da canção: uma mais antiga e uma nova (citada acima). A diferença é a quinta estrofe, que fala de Jesus ressuscitado.

\# Jesus era homem simples, que conversava com gente simples, como os pescadores da Galileia.

\# O amor de Jesus se transformava em gestos concretos. As pessoas não se interessavam por suas teorias, mas por sua prática.

\# Nós somos chamados a viver o que Jesus viveu.

#FICA A DICA

Mas nem toda a vida de Jesus acontece na Galileia. Quando cresce, Jesus sente a necessidade de partir para Jerusalém. Essa era a capital de Israel. Era uma cidade grande para a época, que também era dominada pelo Império Romano. Mas, diferentemente de Nazaré, não era formada por criadores de animais. Então, Jesus passa a falar dos problemas da cidade, como os impostos e os problemas do Templo, que só existia em Jerusalém.

Procure em sua Bíblia o texto de Mt 4,12-25. Jesus volta para a Galileia e decide morar na beira do lago de Cafarnaum. Lá, encontra um grupo de pescadores. Essa era a cidade onde Jesus morava.

Vamos rezar com Jesus.

Mt 4,12-25

P@po com Deus

↱ Primeiro, vamos ler o texto. Você se interessou por algum versículo? Escreva-o.

↱ Agora você e seus colegas partilham os versículos que escreveram.

Jesus se sente bem em sua cidade. Lá estão os pescadores do mar da Galileia que convivem com Jesus. Quem são as pessoas com quem você convive na sua cidade?

↱ Agora, vamos rezar pela nossa cidade e pelas pessoas que vivem nela. Quais são importantes para nossa vida? Quais precisam de nossa ajuda e da ajuda de nossa comunidade? Depois de lembrarmos dessas pessoas, peçamos que Deus olhe por elas.

Em nossa cidade construímos nossa vida.

São dezenas de pessoas que diariamente vemos e com elas convivemos.

Amigos, parentes, colegas da escola, da catequese e de nossa comunidade.

Senhor, queremos que olhe por cada uma delas.

Que a cada dia nós consigamos ser mais felizes em nosso relacionamento com elas

E que elas sejam pessoas iluminadas com a nossa presença.

↗ A comunidade de Jesus estava na Galileia. Vamos procurar conhecer um pouco mais sobre as comunidades de nossa cidade.

↗ Quantas paróquias há em nossa cidade?

↗ Qual é o padroeiro de nossa paróquia?

↗ Quando nossa paróquia foi criada?

↗ Quem é o padre que trabalha em nossa paróquia?

↗ Quantas comunidades nossa paróquia tem?

↗ A que diocese nossa cidade pertence?

↗ Qual o nome do bispo da diocese?

E A NOSSA IGREJA COM ISSO?!

Jesus viveu intensamente com as pessoas de seu tempo. Ele andava com os pescadores, com os doentes, com estrangeiros e muitas outras pessoas que hoje provavelmente trataríamos como problemas na sociedade, pois eram pessoas que estavam à margem. Alguns problemas que existiam na época de Jesus ainda hoje fazem parte de nossa sociedade. Vamos conhecer algumas iniciativas de trabalhos de nossa Igreja que ajudam a amenizar ou resolver problemas sociais.

A comunidade é chamada a se relacionar com a sociedade. Não podemos nos fechar, pois Jesus sempre foi ao encontro das pessoas. Para isso existem as pastorais sociais. Elas procuram ser o rosto da nossa comunidade para aqueles que necessitam de um auxílio mais social. Algumas dessas pastorais nós já conhecemos.

As chamadas pastorais sociais são aquelas que desempenham um importante papel no contato com a sociedade. Elas buscam agir nas situações que extrapolam a convivência comunitária. Exemplo de pastoral social é a Pastoral de Fé e Política. Ela busca acompanhar a vida da sociedade, visando aos benefícios da população. Em muitos lugares, esses grupos acompanham o trabalho dos vereadores e prefeitos, buscando fiscalizá-los para evitar a prática da corrupção e para garantir o bom gerenciamento do dinheiro público. A Pastoral de Fé e Política é apartidária. Isso significa que ela não tem como objetivo defender ou atacar determinado partido, apesar de seus membros serem livres para participarem dos partidos políticos, como todo cristão é.

Escreva os nomes das pastorais sociais que você conhece e diga qual o trabalho que elas desempenham. Lembre-se também dos movimentos e serviços de sua comunidade.

Relembrando...

- Nós sentimos a necessidade de nos relacionarmos.
- A cidade é o lugar onde convivemos e construímos nossa vida.
- Nossa cidade deve ser valorizada como parte da nossa história.
- Jesus viveu em Nazaré, na Galileia.
- Nossa comunidade é chamada a construir relações com a cidade.
- Ajudemos a construir uma cidade melhor!

TEMA de ENCERRAMENTO

JESUS FAZ A DIFERENÇA

Terminamos um ciclo da nossa catequese. Durante este tempo nós pudemos ver alguns temas de nossa vida, iluminados pela Palavra de Deus e a vivência da comunidade. Mas a nossa vida continua, e somos chamados a deixar que Jesus faça a diferença nela. Jesus conviveu com pessoas concretas em situações concretas e fez muita diferença na vida dessas pessoas. Ele chamou seus discípulos, curou cegos, incluiu quem estava excluído.

Também nós vivemos em um mundo bastante concreto, convivemos com pessoas e situações e vivemos numa comunidade específica. Essas situações concretas que vivemos procuramos abordar em nossos temas.

➤ Você se lembra de alguns deles?

Da mesma maneira que Jesus fez diferença na vida daqueles que com Ele conviveram, Ele quer fazer diferença na nossa vida. Podemos dizer que a vida delas foi muito melhor após conhecerem Jesus. Será que Ele pode fazer a diferença também em nossa vida?

Trocando Ideias

» Que diferença Jesus faz na sua vida?

» Concretamente, segui-lo faz sua vida ser melhor?

Muitos textos bíblicos nos mostram o quanto Jesus fez de diferença na vida das pessoas. Elas o procuravam na esperança de que tivessem mais vida e vida em plenitude. Um texto, em especial, nos mostra essa postura de Jesus, comparando-o a um pastor. O pastor é aquele que dá a vida por suas ovelhas, com a intenção de que vivam em plenitude.

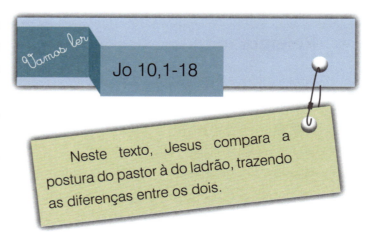

Vamos ler: Jo 10,1-18

Neste texto, Jesus compara a postura do pastor à do ladrão, trazendo as diferenças entre os dois.

✏ Escreva o versículo de que você mais gostou.

✏ Agora, complete o quadro, descrevendo a postura do pastor e do ladrão.

Ao utilizar a figura do pastor, Jesus faz uma opção por um grupo excluído pela sociedade de sua época. Os pastores não eram bem vistos pela sociedade como um todo. Eles cuidavam de animais, por isso eram constantemente vistos como pessoas impuras. Além disso, eles não viviam em suas propriedades. Levavam seus animais para pastar em propriedades alheias e viviam andando em busca de comida e água para seus rebanhos. Mas se Jesus utiliza esse personagem para dar sua mensagem, isso nos mostra que as pessoas das comunidades cristãs viviam junto dos pastores ou eram simpáticos a eles.

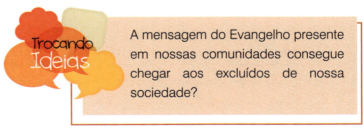

Trocando Ideias

A mensagem do Evangelho presente em nossas comunidades consegue chegar aos excluídos de nossa sociedade?

Na sociedade de Jesus, o pastor era uma figura comum, que fazia parte da vida do povo. Já nós não temos convivência cotidiana com pastores. Vamos buscar trazer essa figura para a nossa realidade.

➤ Quais personagens poderiam ocupar o lugar do pastor e do ladrão?

P@po com Deus

A figura do pastor é utilizada em várias passagens da Bíblia. O pastoreio faz parte de grupos que formam o povo de Israel.

Para rezarmos a figura do pastor, vamos ler o Sl 23(22). Ele nos mostra Deus como um pastor que cuida de seu rebanho.

➤ Escreva o versículo de que você mais gostou.

_____
_____

➤ Como você percebe o pastoreio de Deus em sua vida?

_____
_____

Nós podemos ser sinal do pastoreio de Deus na vida daqueles que convivem conosco? Dê exemplos de situações bastante concretas e cotidianas onde esse pastoreio pode acontecer. Converse com os colegas.

Fala Sério!

Tem gente que transforma Deus em uma teoria e não consegue demonstrá-lo em gestos concretos.

76

 **E A NOSSA IGREJA COM ISSO?!**

Nossa Igreja também quer ser geradora de vida. Para que isso aconteça, a comunidade busca se organizar a partir de suas pastorais. Cada pastoral quer dar assistência a uma necessidade específica das pessoas da comunidade e da sociedade.

Durante todo o período de nossa catequese de perseverança, pudemos conhecer algumas delas.

Escreva o nome de uma pastoral que faça diferença em sua vida, dizendo o porquê.

Relembrando...

- A catequese é um processo que quer nos levar a conhecer Jesus.
- Jesus quer fazer a diferença em nossa vida.
- Durante toda a catequese de perseverança, procuramos perceber como Jesus faz a diferença em nossa vida de adolescentes.
- Jesus é o pastor que quer nos conduzir à vida plena.
- Nossa comunidade é chamada a ajudar no pastoreio da sociedade.
- Podemos ser adolescentes que seguem Jesus, o pastor!

Encerramos, com este encontro, o ciclo da catequese de perseverança. Mas nossa participação na comunidade e no processo catequético continua. Nos propomos a ser seguidores, perseverando com Jesus, nos tornando discípulos e auxiliando na construção de seu Reino, em nossas vidas, em nossa comunidade e na sociedade.

CULTURAL

Administração
Antropologia
Biografias
Comunicação
Dinâmicas e Jogos
Ecologia e Meio Ambiente
Educação e Pedagogia
Filosofia
História
Letras e Literatura
Obras de referência
Política
Psicologia
Saúde e Nutrição
Serviço Social e Trabalho
Sociologia

CATEQUÉTICO PASTORAL

Catequese
Geral
Crisma
Primeira Eucaristia

Pastoral
Geral
Sacramental
Familiar
Social
Ensino Religioso Escolar

TEOLÓGICO ESPIRITUAL

Biografias
Devocionários
Espiritualidade e Mística
Espiritualidade Mariana
Franciscanismo
Autoconhecimento
Liturgia
Obras de referência
Sagrada Escritura e Livros Apócrifos

Teologia
Bíblica
Histórica
Prática
Sistemática

REVISTAS

Concilium
Estudos Bíblicos
Grande Sinal
REB (Revista Eclesiástica Brasileira)
SEDOC (Serviço de Documentação)

VOZES NOBILIS

Uma linha editorial especial, com importantes autores, alto valor agregado e qualidade superior.

PRODUTOS SAZONAIS

Folhinha do Sagrado Coração de Jesus
Calendário de mesa do Sagrado Coração de Jesus
Agenda do Sagrado Coração de Jesus
Almanaque Santo Antônio
Agendinha
Diário Vozes
Meditações para o dia a dia
Encontro diário com Deus
Guia Litúrgico

VOZES DE BOLSO

Obras clássicas de Ciências Humanas em formato de bolso.

CADASTRE-SE
www.vozes.com.br

EDITORA VOZES LTDA.
Rua Frei Luís, 100 – Centro – Cep 25689-900 – Petrópolis, RJ
Tel.: (24) 2233-9000 – Fax: (24) 2231-4676 – E-mail: vendas@vozes.com.br

UNIDADES NO BRASIL: Belo Horizonte, MG – Brasília, DF – Campinas, SP – Cuiabá, MT
Curitiba, PR – Florianópolis, SC – Fortaleza, CE – Goiânia, GO – Juiz de Fora, MG
Manaus, AM – Petrópolis, RJ – Porto Alegre, RS – Recife, PE – Rio de Janeiro, RJ
Salvador, BA – São Paulo, SP